아빠 놀이 레시피

dh DaehanNarae Publishing, Inc.

SK V1 Tower 1507
Younmujang 5 gagil 25, Sungdong-gu,
Seoul 04782, Korea
TEL: +82-2-922-7080
FAX: +82-2-922-0841
E-mail: nrpub@naver.com
Website: www.nrbooks.kr

아빠 놀이 레시피

발행일	2025년 4월 5일
저자	김동석
발행인	최용원
편집디자인	이은의
표지디자인	이은의
교정·교열	고윤지
발행처	**대한나래출판사** (등록 제2012-000051호/1994.6.10)
주소	서울시 성동구 연무장 5가길 25, 성수역 SK V1 Tower 1507호
전화	(02) 922-7080
팩스	(02) 922-0841
이메일	nrpub@naver.com
홈페이지	www.nrbooks.kr

Copyright © 2025 by DaehanNarae Publishing, Inc.

본서는 저자와의 계약에 의해 **대한나래출판사**에서 발행합니다.
본사의 서면동의 없이 본서의 일부 또는 전부를 무단으로 복제하거나 스캔 또는 사진으로 복사하여 pdf나 그림파일로 전자기기에 저장 및 전송하는 행위는 법률로 엄격히 금지하고 있습니다. 이를 위반 시는 5년 이하의 징역 또는 5천만 원 이하의 벌금에 처하거나 이를 병과할 수 있습니다.

ISBN 979-11-7133-165-9

정가 20,000원

Printed in Korea

하루 5분! 놀이가 바뀌면 아이가 달라진다
오감 자극 & 성장 발달! 일상에서 바로 따라 하는 아빠표 놀이법

아빠 놀이 레시피

김동석 저

육아는 놀이로 완성된다!
바쁜 아빠도 쉽게 따라 하는 초간단 놀이 가이드

아빠가 바뀌면, 아이가 달라진다!
쉽고 효과적인 아빠표 놀이법

장소 불문! 시간 부담 NO!
일상에서 바로 따라 하는 놀이

하루 5분, 놀이가 아이를 키운다!
창의력·사회성·자신감 한 번에!

dh 대한나래출판사

프롤로그

"아빠, 세상에서 가장 행복한 소리가 뭔지 알아요?"
퇴근 후 집에 돌아온 나를 향해 첫째 아들이 반짝이는 눈으로 물었다.
"음… 바닷가에서 들리는 파도 소리? 아니면 새벽 공기 속에서 들리는 새소리?"
나름 감성적인 대답을 하려 했지만, 녀석은 고개를 절레절레 흔들었다.

'나의 삶을 깨우는 세상에서 가장 행복한 소리는?'이라는 주제로
첫째 아이가 작성한 그림일기.

"아니야, 난 아빠가 아침마다 내게 해 주는 마사지와 응원의 아빠 목소리야!"

순간, 코끝이 찡~ 해졌다.
"뭐라고?"
"내가 자고 있을 때, 아빠가 조용히 다가와서 '오늘도 좋은 하루 파이팅!' 하면서 등을 토닥토닥해 주잖아. 난 그게 너무 좋아. 그래서 그 소리가 세상에서 제일 행복한 소리야!"

그 말에 다시 한번 코끝이 찡해졌다. 나는 그저 아이가 깊이 잠든 아침마다 습관처럼 간단한 마사지를 하고 등을 쓰다듬어 주고 출근했을 뿐인데, 그것이 아들에게는 세상에서 가장 행복한 순간이었단 말인가? 그래! 내가 늘 생각하던 '아빠효과(father effect)'가 이런 거였어.

그날 밤, 오래전의 기억이 떠올랐다.
체육교육학을 전공하며 신체 놀이가 아이의 두뇌와 정서 발달에 미치는 영향을 연구했던 시간들, 아동 운동발달센터를 운영하며 아빠의 육아 참여가 아이에게 미치는 영향을 몸소 확인했던 순간들, 그리고 육아 블로거로서 1000일 동안 기록했던 아빠표 태교와 육아 일기들.
그렇게 아빠의 육아 참여가 얼마나 중요한지 늘 강조하고 연구해 왔던 나였지만, 정작 내가 아빠로서 아이에게 어떤 순간을 남기고 있는지, 어떤 경험이 아이의 마음속에 오래도록 남는지 깊이 생각해 본 적이 없었다.

"승환아, 주환아! 우리 책 한번 만들어 볼까?"
나는 아이들에게 제안했다.
"우리가 책을 만든다고?" 둘째 아들이 눈을 동그랗게 뜨며 되물었다.
"그래! 회사 일로 바빠서 많이 못 놀아 주는 아빠들, 어떻게 놀아 줘야 할지 몰라 망설이는 아빠들, 육아가 서툴러 아이와의 시간이 부담스럽기만 한 아빠들에게 하루 단 몇 분이라도 아이들과 꾸준히 놀아 줄 수 있도록 도와주는 책! 우리가 평소 했던 놀이들을 정리해서 담아 보는 거야. 우리가 만들면 세상에서 제일 재미있는 놀이책이 되겠지?"

아이들은 눈을 반짝이며 신나 하기 시작했다.
"그럼 아빠! 우리가 집에서 했던 좀비 놀이도 넣어?"
"맞아! 우리 공룡 싸움 놀이도 넣자!"
"나는 그거! 여행 가서 했던 '이불 동굴 만들기' 놀이가 좋아!"

그렇게 우리는 함께 아빠표 놀이책 기획을 시작했다. 아빠가 단독으로 쓰는 책이 아니라, 우리 가족이 함께 만드는 진짜 아빠표 놀이책! 놀이 구성도 함께 짜고, 놀이 방법도 정리하며, 놀이할 때 주의해야 할 점까지 고민했다. 그리고 이 책을 보게 될 다른 친구들이 놀이를 더 재미있게 즐길 수 있도록 규칙과 약속도 아이들과 함께 직접 만들어 넣었다.

그렇게 지난 1년 동안 우리 세 부자는 아빠표 놀이책을 만들기 위해 함께 웃고, 고민하고, 직접 몸으로 부딪히며 시간을 보냈다.

이 책은 거창한 육아 이론을 늘어놓는 책이 아니다. 회사 일로 바빠 하루가 어떻게 지나가는지도 모르는 아빠, 어떻게 놀아 줘야 할지 몰라 머뭇거리는 아빠, 육아가 아직 서툴러 아이와의 시간이 어색한 아빠들. 그 모든 대한민국 아빠들이 하루 몇 분이라도 아이와 함께 놀이를 시작할 수 있도록 돕는 책이다.

아이들은 원하는 것이 많지 않다. 값비싼 장난감도, 근사한 여행도 아니다.
그들이 진정으로 바라는 것은 아빠와 함께하는 순간들.
그 순간이 쌓여 세상에서 가장 행복한 소리가 된다.

우리의 이야기를 담은 이 책이, 아빠들의 육아 첫걸음을 응원하는 놀이 레시피가 되기를 바란다.
이제, 아빠표 놀이의 세계로 함께 떠나 보자! 🌈☁️😊😋

추천사

"소아는 성인의 축소판이 아니다." 소아청소년과 진료를 40여 년간 해 오면서 늘 생각하는 말입니다. 똑같은 증상을 가졌더라도 성인과 소아는 진단을 위한 접근법과 치료하는 방법이 완전히 다릅니다. 이렇듯 소아청소년을 진료할 때나 상담을 할 때는 굉장한 섬세함을 요합니다. 이 책은 성인이 아닌 소아에 초점을 맞추어 소아의 놀이에 대해, 그리고 그 역할과 효과에 대해 자세히 기술한 책입니다. 성인의 운동과 즐길거리에 대한 다양한 콘텐츠들은 쏟아지는 반면에 소아의 놀이에 대한 콘텐츠들이 상대적으로 부족하여 소아청소년과 전문의로서 많은 아쉬움이 있었는데 그러한 갈증을 해소해 줄 수 있는 알찬 책인 것 같습니다. '놀이'라는 것이 성인에게는 소비와 흥미에 주목적이 있다면 소아에게는 성장과 발달에 중요한 부분이니 이 책이 우리 아이들의 건강한 성장과 발달에 도움이 되길 희망합니다.

한 정 실 (한정실소아청소년과의원 원장, 의학박사, 전문의)

육아는 책임을 넘어 부모와 자녀 간의 깊은 유대감을 형성하는 과정입니다. 부모와의 긍정적인 상호작용은 아이의 뇌 발달에 긍정적 영향을 미치며, 이는 사회성, 정서 조절, 그리고 면역체계에도 영향을 주어 건강한 성장의 원동력이 됩니다. 소아청소년과 전문의로서 아이들의 성장에 있어 아빠의 역할은 매우 중요하다고 생각합니다. 이 책은 아빠들이 육아에 적극적으로 참여하고, 아이와의 소중한 시간을 더욱 의미 있게 보낼 수 있도록 도와주는 실용적인 가이드입니다. 아빠들이 육아의 주체로서 자신감을 가질 수 있도록 돕고 부모로서 해야 할 역할을 더욱 의미 있게 느낄 기회를 제공할 것입니다. 부모로서의 의욕을 구체적인 실천으로 이루는 방법을 이 책에서 찾으시기를 바랍니다.

이 진 (가톨릭대학교 의과대학 인천성모병원 소아청소년과 교수)

저자 김동석은 유아체육 전문가로서 바쁜 아빠들에게 놀이의 중요성과 그 실제적 적용 방법을 체계적으로 제시하고 있습니다. 『아빠 놀이 레시피』는 독자들에게 다양한 방법을 열어 주는 실용적인 가이드입니다.

아빠와 함께 하는 체육 놀이는 아이의 발달과 다양한 교육적 효과를 제공하며, 가족 관계에 매우 중요한 역할을 합니다. 아이의 신체적 발달을 촉진하고 인지 능력과 주의력이 개선되며 사회·정서 역량에 긍정적인 영향을 미칩니다.

저는 개인적으로 『아빠 놀이 레시피』를 읽고 놀이 중심 교육을 한층 더 발전시키는 데 큰 도움이 되었습니다. 더 나은 미래를 꿈꾸는 아이들을 위해 이 책을 모든 아빠들에게 추천 드립니다.

심 현 임 (한국열린사이버대학교 아동보육학과 특임교수, 자연아이발트슐레어린이집 원장)

학교에서 학생들과 함께 하는 체육 활동처럼, 가정에서의 놀이도 중요한 교육의 시간이 될 수 있습니다. 『아빠 놀이 레시피』는 일상 속에서 아이와의 소중한 순간을 만들어 가는 특별한 안내서입니다.

12년간 체육교사로 수많은 아이들을 가르치며 느낀 점은 신체 활동이 단순한 운동 능력 향상을 넘어 아이의 정서적 안정, 사회성 발달, 창의력 증진, 그리고 학습 능력 향상에도 긍정적인 영향을 미친다는 것이었습니다. 이 책이 제시하는 놀이를 통한 교육적 접근은 바로 그 점에서 매우 인상적입니다. 특히, 아이의 발달 단계를 고려한 난이도별 체계적인 구성은 놀이를 통해 아이의 성장 발달을 돕고자 하는 전문가의 면모를 잘 보여 줍니다.

『아빠 놀이 레시피』를 통해 놀이가 단순한 즐거움을 넘어, 아이의 신체·정서·인지 발달을 돕는 최고의 교육 시간이 될 수 있음을 직접 경험해 보시길 바랍니다. 아이와 더욱 가깝고 깊이 있는 관계를 형성하고 싶은 부모님들께 이 책을 강력히 추천합니다.

윤 준 기 (지세포중학교 체육교사)

아이들은 놀이 속에서 성장하고, 아빠와의 신체 교감을 통해 세상을 배웁니다. 아이들이 가장 즐겁게 배우는 순간은 부모와 함께하는 순간이며, 특히 아빠와의 신체 놀이가 주는 영향력은 놀라울 정도로 큽니다. 저자가 강조한 "놀이는 가르치는 것이 아니라 함께 하는 것"이라는 말처럼, 부모가 아이와 함께 몸을 움직이며 교감하는 시간이야말로 아이의 성장에 가장 중요한 요소입니다. 이 책은 아빠들이 아이와 함께할 수 있는 최고의 방법을 제시하는 단순하면서도 강력한 육아 지침서입니다.

김 로 영 (유아체육 전문가, 리더짐 어린이 스포츠클럽 원장)

SECTION 1

아빠 육아, 왜 중요한가?

아빠가 육아에 참여하는 것은 아이와 가족 모두에게 깊은 영향을 미치는 중요한 일입니다. 그러나 현실적으로 많은 아빠들이 육아에 충분한 시간을 할애하지 못하고 있습니다. 경제협력개발기구(OECD)의 조사에 따르면 한국 아빠들은 하루 평균 6분 만을 아이와 함께 보내며, 이는 OECD 평균인 47분, 회원국 평균인 151분과 비교해 현저히 낮은 수치입니다. 이렇게 적은 시간은 아이의 성장과 정서 발달에 큰 영향을 미칠 수 있습니다. 따라서 아빠의 육아 참여는 선택이 아닌 필수적인 요소입니다.

심리학자 에릭 에릭슨(Erik H. Erikson)은 아빠의 양육 참여가 자녀의 성역할 발달, 사회성 발달, 그리고 인지 발달에 매우 중요하다고 강조했습니다. 특히 4~6세는 아이가 타인과의 관계를 배우기 시작하는 시기로, 아빠가 이 시기에 도전과 성취의 가치를 가르치고 문제 해결 능력을 키우는 역할을 합니다.

아빠의 육아 참여가 가져오는 긍정적인 변화

아빠의 육아 참여는 아이에게 다양한 긍정적인 변화를 제공합니다. 미국의 로스 파크 (Ross D. Parke) 교수는 "아빠와의 상호작용은 아이의 논리적 사고와 이성적인 뇌 발달에 기여한다"고 설명했습니다. 연구 결과에 따르면 아빠와의 교감이 부족한 아이들은 수리 능력이나 학업 성취동기가 낮아질 가능성이 높습니다. 또한 아빠의 적극적인 육아 참여는 정서 조절 능력을 향상시키고 사회적 기술을 익히는 데 도움을 주며, 청소년기에는 학업 능력과 정서적 안정에도 긍정적인 영향을 미칩니다.

아빠와의 놀이와 교감은 아이에게 정서적 안정감을 제공합니다. 아빠가 놀이를 통해 아이와 협력하며 문제를 해결할 때 아이는 자연스럽게 소통과 양보 같은 사회적 기술을 배우게 됩니다. 뿐만 아니라, 아빠의 칭찬과 격려는 아이에게 자신감을 심어 주고 자존감을 높이는 데 큰 역할을 합니다. 이러한 경험은 아이가 성장하며 사회적 관계를 맺고 어려운 상황에서도 스스로를 믿고 나아갈 수 있는 힘을 길러 줍니다.

아빠의 육아 참여는 엄마에게도 긍정적인 영향을 미칩니다. 육아를 혼자 책임지던 엄마의 부담을 줄이고, 부부 간 협력과 이해를 증진시켜 더 조화로운 가족 분위기를 만듭니다. 아이 역시 아빠와 엄마가 함께하는 모습을 보며 안정감을 느끼고, 양 부모의 상호 보완적인 양육 방식에서 배울 점을 발견합니다.

더불어, 스웨덴과 같은 나라는 아빠가 최소 90일 이상의 육아 휴직을 사용하도록 의무화하여 아빠와 자녀 간의 유대감을 강화하고 있습니다. 이러한 정책은 가정뿐 아니라 사회 전체적으로도 큰 의미를 가지며, 국내에서도 아빠의 육아 참여를 확대하려는 노력이 필요합니다.

결론적으로, 아빠의 육아 참여는 아이의 신체적, 정서적, 사회적 발달을 돕고 가족의 행복을 높이는 데 중요한 역할을 합니다. 아빠가 아이와 함께 보내는 시간은 단순한 놀이 이상의 의미를 가지며, 아이와 가족 전체의 삶을 더 풍요롭고 의미 있게 만드는 소중한 선물이 될 것입니다.

SECTION 2

아빠의 마음가짐과 준비

아빠 육아와 아빠표 놀이는 단순히 해야 할 의무가 아니라, 아빠의 삶에 활력을 더해 줄 즐거움과 취미로 바라볼 필요가 있습니다. 한 유아용품 박람회에서 실시한 설문조사에 따르면 아내들이 남편에게 가장 바라는 육아 1위가 '놀이(52%)'였으며, 좋은 남편의 조건으로 꼽은 1위 역시 '아이와 잘 놀아 주는 남편(47%)'이었습니다. 이는 아빠표 놀이를 가장 바라는 사람이 바로 엄마라는 사실을 보여 줍니다. 아빠가 아이와 놀아 주기 시작하면 엄마는 만족감과 함께 가사와 육아에서의 해방감을 느끼게 됩니다.

그렇지만 실제로 아빠들이 놀이를 시작하려고 하면 종종 "아이랑 놀아 주는 게 너무 어려워요"라거나 "어디서부터 어떻게 시작해야 할지 막막해요"라는 말을 하곤 합니다. 이러한 부담감 때문에 놀이를 가사노동의 일부로 느끼는 경우도 있습니다. 하지만 아빠 육아와 아빠표 놀이는 결코 일이 아닙니다. 이는 우리 삶에 활력과 재미를 더해 주는 소중한 취미로 바라볼 수 있습니다.

취미는 우리에게 새로운 지식을 습득하고, 창의성을 발휘하며, 스트레스를 해소할 기회를 제공합니다. 바쁜 일상에 지친 우리에게 취미는 마치 작은 날개처럼 우리를 자유로이 날아오르게 해 줍니다. 아이와의 놀이, 아빠표 놀이는 바로 이러한 취미와도 같은 역할을 합니다. 처음에는 1분 놀아 주는 것도 어렵고, 아이가 놀이를 따라 주지 않아 답답할 수 있습니다. 하지만 취미를 키워 가듯, 놀이도 꾸준히 하다 보면 자연스럽게 익숙해지고 어느새 20~30분은 금세 지나 있을 것입니다.

처음에는 서툴고 힘들 수 있지만, 조금씩 자신감을 가지고 놀이를 이어 가 보세요. 작은 노력과 시간이 쌓이면 어느새 아빠표 놀이의 달인이 되어 있을 것입니다. 아이와 함께하는 시간은 단순히 육아를 넘어 아빠 자신에게도 즐거움과 만족을 줄 수 있는 특별한 경험이 될 것입니다.

SECTION 3

아빠표 놀이 달인이 되기 위한 필수 5계명

철학자 프리드리히 실러(Friedrich Schiller)는 "놀이는 인간 경험의 결정적인 요소이며, 인간은 놀이를 통해 자신의 최고 열망과 이상을 깨닫는다"라고 말했습니다. 아빠가 놀이의 달인이 되는 데는 특별한 기술이나 준비물이 필요한 것이 아닙니다. 중요한 것은 아이와 함께 보내는 시간을 즐기고, 자연스럽게 어울리는 태도와 열린 마음입니다. 아이와의 놀이에서 가장 중요한 것은 완벽한 결과를 만드는 것이 아니라, 놀이 과정을 통해 아이와 교감하고 유대감을 쌓는 것입니다. 지금부터 소개할 5계명은 아빠표 놀이를 더 효과적이고 즐겁게 만들어 줄 핵심 가이드로, 아빠와 아이가 놀이를 통해 더 깊이 연결될 수 있도록 돕습니다.

1. 놀이를 가르치려 하지 마라: 놀이는 '배우는' 게 아니라 '하는' 것

어릴 적 동네 친구들과 하던 놀이는 왜 그렇게 신나고 자연스러웠을까요? 반면, 아이들과의 놀이는 종종 어렵게 느껴지곤 합니다. 이는 놀이가 원래 억지로 배우는 것이 아니라 자연스럽게 즐기는 활동이기 때문입니다. 놀이의 영단어 'play'의 어원인 라틴어 '플라가(plaga)'는 목마른 이가 물을 마시는 것처럼 자연스럽고 자발적인 행동을 뜻합니다. 결국, 놀이는 스스로 하고 싶어서 하는 즐겁고 흥미로운 행위라는 의미를 내포하고 있습니다. 아빠표 놀이에서 자주 간과되는 점은 놀이의 본질인 자연스러움과 즐거움입니다. 많은 아빠가 놀이를 통해 아이에게 무언가를 가르쳐야 한다고 생각하지만, 이러한 생각은 놀이를 일처럼 느끼게 하고 아이에게 부담감을 줄 수 있습니다. 이런 상황이 반복되면, 아이는 아빠와의 놀이를 즐거운 시간이 아닌 부담스러운 활동으로 여기게 됩니다.

놀이의 핵심은 단순합니다. 아이가 자유롭게 상상하고 자기 방식대로 놀이의 세계를 만들어 갈 수 있도록 허용하는 것입니다. 아빠가 주도적으로 뭔가를 가르치려 하기보다는 아이의 놀이를 지켜보고 필요할 때 살짝 도움을 주는 안내자 역할에 충실하면 됩니다. 놀이를 통해 얻는 가장 큰 가치는 바로 자유와 창의성에서 비롯됩니다.

기억하세요. 놀이란 아이가 배우는 것이 아니라, 스스로 하는 것입니다. 놀이를 통해 아이는 실패도 경험하고, 스스로 문제를 해결하며, 무엇보다 자신만의 방식을 발견하게 됩니다. 아빠와 아이가 함께 하는 놀이는 그 자체로 완벽한 배움의 시간이 될 수 있습니다. 그러니 다음번에 아이와 놀이를 시작할 때는 '이건 이렇게 해야 해'라는 생각을 내려놓고 그 순간을 함께 즐겨 보세요.

2. '놀아 주기'가 아닌 '함께 놀기'

놀이에는 진짜 놀이와 가짜 놀이가 있습니다. 이 둘을 구분하는 기준은 간단합니다. 아이가 놀이를 주도적으로 하고 있느냐에 달려 있습니다. 진짜 놀이는 아이가 자신의 상상력과 호기심을 바탕으로 놀이를 주도하며 즐기는 것입니다. 반면, 가짜 놀이는 어른이 놀이를 전적으로 이끌고, 아이는 따라가기만 할 때 발생합니다.

아이들에게 놀이란 무언가를 잘 해내야 하는 과제가 아닙니다. 아이들은 단순히 기분 좋게 노는 과정에서 행복을 느끼고, 자신만의 방식으로 세상을 탐험합니다. 그러나 많은 경우, 아빠의 높은 기대가 놀이의 본질을 왜곡시키곤 합니다. 예를 들어, "이 놀이를 꼭 이겨야 해!", "끝까지 완벽하게 해야 해!" 같은 생각은 놀이를 단순한 즐거움에서 성과 중심의 과제로 변질시킵니다. 아이는 점차 놀이를 즐기기보다, 잘해야 한다는 압박감 속에서 어려움을 느끼게 됩니다.

놀이의 주체는 아이입니다. 아빠는 모든 것을 이끌려고 하기보다 아이의 안내자 역할을 맡아야 합니다. 아이가 자신의 상상과 창의력을 활용해 놀이의 세계에 몰입하도록 기다려 보세요. 아이가 무엇을 하든, 그것이 놀이의 중심이 될 수 있도록 존중해 주세요. 필요할 때만 아빠가 살짝 도움을 주거나 참여하면 충분합니다. 이 과정에서 아이는 자신만의 놀이 세계를 구축하고 더욱 깊이 몰입하며 창의성을 발휘하게 됩니다.

가짜 놀이를 진짜 놀이로 바꾸는 비법

아이와의 놀이를 '놀아 준다'는 생각으로 접근하면 놀이가 아빠 중심으로 흐르기 쉽습니다. 이는 아이에게 놀이가 또 하나의 과제가 되는 느낌을 줄 수 있습니다. 하지만 아이가 주도하는 놀이에서는 자연스러운 창의성과 즐거움이 배가됩니다. 아빠가 아이의 놀이를 지켜보고 필요할 때 작은 피드백과 지지를 보내며 함께한다면, 아이는 그 시간을 진정으로 즐기고 성장할 수 있습니다.

놀이의 목표는 아이가 스스로 몰입하고, 재미를 느끼며, 실패나 성공을 통해 배우는 과정을 경험하는 데 있습니다. 아이가 놀이의 주체가 될 때 놀이 자체가 아이에게 창의력과 자신감을 선물합니다. 기억하세요. 아이와의 놀이는 함께 웃고 즐기는 순간이어야 합니다. 진짜 놀이를 통해 아이와 더 깊이 연결되고, 아이가 스스로 세상을 탐험할 수 있는 공간을 만들어 주세요. 놀이의 세계를 아이에게 맡기고 함께 즐기는 순간을 기대해 보세요.

3. 언어적 표현: 격하게 공감하고 풍부하게 표현하라

아이와의 놀이는 단순히 몸을 움직이는 활동 이상의 의미를 가집니다. 놀이 과정에서 오가는 언어적 표현은 아이의 자신감과 정서 발달에 큰 영향을 미칩니다. 아이가 어떤 행동을 하거나 이야기를 할 때 아빠의 언어는 단순히 반응이 아니라 격한 공감과 풍부한 표현으로 아이에게 힘을 실어 줄 수 있습니다.

예를 들어, 아이가 블록을 쌓고 있는 모습을 보았다면 단순히 "잘했어"라고 말하는 대신, "우와! 네가 이 높은 탑을 이렇게 멋지게 만들었구나! 정말 대단해!"라고 말해 보세요. 여기서 중요한 포인트는 단순한 칭찬에 그치지 않고, 아이의 행동에 맞춰 구체적으로 반응하고 공감하는 것입니다. 이러한 표현은 아이에게 자신의 노력이 인정받고 존중받는다는 느낌을 줍니다.

공감을 배우는 아이

아빠의 언어적 표현은 단순한 칭찬을 넘어, 아이가 타인의 감정을 이해하고 공감하는 능력을 키우는 데 중요한 역할을 합니다. 아이는 아빠의 공감 어린 언어를 들으며 자신도 모르게 다른 사람의 입장과 감정을 이해하는 능력을 습득하게 됩니다. 이러한 경험은 또래 친구들과의 상호작용에서도 긍정적으로 나타납니다.

어릴 때부터 공감이 풍부한 환경에서 자란 아이는 또래 친구들과 놀이할 때도 타인의 감정을 잘 읽고 조율할 수 있는 능력을 갖추게 됩니다. 반면, 공감을 경험하지 못한 아이는 타인의 감정을 이해하지 못하고 때로는 불필요한 갈등을 겪게 될 수 있습니다.

아이가 놀이를 통해 아빠에게 보이는 반응은 꼭 언어로만 표현되지 않을 수 있습니다. 아이가 부모를 쳐다보거나, 웃음을 짓거나, 소리를 내는 모든 반응도 중요한 소통의 신호입니다. 이러한 반응을 아빠가 적극적으로 해석하고 공감하는 모습은 아이에게 안정감을 줍니다.

언어적 표현은 아이와의 놀이에서 단순히 반응을 넘어 아이의 자신감과 공감 능력을 키우는 중요한 도구입니다. 아빠가 놀이를 통해 풍부한 언어적 표현으로 아이와 소통할 때 아이는 놀이를 더 깊이 즐기고, 자신감과 창의력을 키우며, 나아가 타인의 감정을 이해하고 배려하는 능력까지 발달시킬 수 있습니다. 기억하세요. 아빠의 격한 공감과 풍부한 표현은 아이에게 가장 특별한 선물이 될 것입니다.

4. 신체적 표현: 스킨십과 폭풍칭찬

아이와 함께 하는 놀이에서 스킨십은 단순한 접촉 이상의 의미를 가집니다. 부모가 아이를 안아 주거나 머리를 쓰다듬는 작은 행동은 아이에게 깊은 정서적 안정감을 줍니다. 아이가 울거나 짜증을 낼 때, 말로 달래기보다 따뜻하게 안아 주며 등을 쓰다듬어 주는 것이 훨씬 더 효과적이라는 경험을 해 보셨을 것입니다. 포옹과 같은 스킨십은 아빠의 감정을 아이에게 전달하고 아이의 긴장된 마음과 몸을 편안하게 해 줍니다.

스킨십의 중요성

스킨십은 아이와의 유대감을 강화하는 가장 자연스럽고 강력한 방법입니다. 놀이 중간에 하이파이브를 하거나 머리를 쓰다듬는 작은 제스처만으로도 아이는 아빠의 애정을 느끼며 놀이를 더 즐겁게 받아들일 수 있습니다. 특히 놀이가 끝난 후에도 아이를 안아 주며 "정말 멋졌어, 네가 해낸 모습이 자랑스러워!"라고 말한다면, 아이는 자신의 성취에 대해 더욱 큰 만족감을 느낄 것입니다.

전문가들은 스킨십이 단순히 정서적 안정감만을 주는 것이 아니라, 아이의 신체적, 정신적, 정서적 성장에 중요한 영향을 미친다고 강조합니다. 미국 마이애미대학교 피부접촉연구센터(Touch Research Institute)의 연구에 따르면, 애정 어린 스킨십을 받은 아이는 그렇지 않은 아이보다 신체 발달 속도가 빠르고 면역력이 강하며, 정서적 안정과 숙면에서도 긍정적인 결과를 보였습니다. 이는 스킨십이 아이의 뇌 발달과도 밀접한 연관이 있음을 보여 줍니다.

스킨십과 함께 칭찬은 아이의 자신감을 키우는 강력한 도구입니다. 단순히 "잘했어"라고 말하는 것도 좋지만, 표정과 행동을 더해 더 풍부하게 칭찬해 보세요. 예를 들어, 놀이 중간에 하이파이브를 하며 "이렇게 멋지게 문제를 해결하다니 정말 대단한데!"라고 말하거나, 아이를 살짝 들어 올리며 기쁨을 표현하는 것도 좋습니다.

스킨십이 가져오는 놀라운 변화

스킨십은 아이와 아빠의 관계뿐 아니라 아이의 전반적인 성장에도 놀라운 변화를 가져옵니다. 스킨십은 단순히 아이의 마음을 안정시키는 것을 넘어 뇌 발달, 면역력, 사회성, 그리고 정서적 안정에까지 영향을 미칩니다. 놀이 속에서 스킨십과 칭찬을 아낌없이 사용하는 아빠는 아이에게 있어 가장 든든한 지지자이자, 사랑의 원천이 됩니다.

매일매일 아이를 안아 주고 칭찬하며, 몸놀이를 통해 더 많은 스킨십의 기회를 만들어 보세요. 이러한 작은 행동들은 아이에게 큰 자신감과 안정감을 심어 줄 뿐 아니라, 아빠에게도 아이와의 특별한 유대감을 선물할 것입니다.

5. 지나친 승부욕은 금물: 안전 확보, 규칙은 꼭 지키기

놀이에서 가장 중요한 것은 안전입니다. 아무리 즐거운 놀이라도 아이가 다치거나 불편함을 느끼는 순간, 놀이의 목적은 상실되고 맙니다. 아빠는 놀이 공간의 위험 요소를 미리 점검하고 놀이 규칙을 정해 아이가 이를 쉽게 이해하고 지킬 수 있도록 도와야 합니다. 놀이 규칙은 아이의 안전을 지켜 줄 뿐만 아니라, 놀이 과정에서 공정성과 협력의 가치를 배우는 기회가 되기도 합니다.

안전은 놀이의 기본

아이와의 놀이를 시작하기 전에 놀이가 이루어질 공간과 도구를 살펴보는 것이 중요합니다. 예를 들어, 작은 장난감 조각이 있거나 날카로운 모서리가 있는 물건이 있다면 이를 치워야 합니다. 또한 놀이 도구를 사용할 때는 힘 조절이 필요합니다. 아빠가 지나치게 힘을 쓰면 아이는 무서움을 느끼거나 다칠 위험이 있습니다.

지나친 승부욕은 금물

놀이에서 승부욕은 재미를 더해 줄 수 있지만 지나치면 아이에게 부정적인 영향을 미칠 수 있습니다. 아빠가 놀이를 지나치게 경쟁적으로 진행하면 아이는 놀이를 즐기는 대신 성과나 결과에 집착하게 됩니다. 아이들은 인지 발달 과정에서 성취를 통해 자신감을 쌓고, 부모의 인정과 칭찬을 받고 싶어 하는 경향이 강합니다. 따라서 놀이가 지나치게 승패 중심으로 흘러가면 아이는 지거나 실패했을 때 자신감이 떨어지고 불안감을 느낄 수 있습니다.

예를 들어, 놀이에서 패배한 아이가 울거나 화를 낼 때 "또 졌다고 울고 화내는 거야?" 같은 부정적인 표현은 삼가야 합니다. 대신 "그래, 지면 속상하지. 아빠도 그럴 때가 있어"라며 아이의 감정을 공감해 주세요. 이러한 공감은 아이가 자신의 감정을 이해하고 조절하는 법을 배우는 데 도움을 줍니다.

규칙의 가치를 가르치기

놀이 규칙은 단순히 놀이를 원활히 진행하기 위해서만 있는 것이 아닙니다. 규칙을 지키는 과정에서 아이는 공정성과 협동, 책임감을 배울 수 있습니다. 규칙은 쉽고 명확해야 하며 아빠와 아이가 함께 정하면 더 효과적입니다.

놀이 과정에서 아이가 규칙을 어겼다면 꾸짖기보다는 규칙의 중요성을 차분히 설명해 주세요. 또한 아이가 규칙을 잘 지키고, 승부에서 비록 졌더라도 끝까지 최선을 다했다면 "네가 약속을 지키고 끝까지 노력한 모습이 정말 자랑스러워"라고 칭찬해 주세요. 이러한 칭찬은 아이에게 정직함과 성취의 가치를 심어 주는 중요한 기회가 됩니다.

놀이가 끝난 후에도 아이와 함께 그 경험을 이야기하며 승패나 결과보다 놀이를 통해 느꼈던 즐거움과 배움을 강조해 보세요. 아이는 놀이를 통해 단순한 재미를 넘어 세상과 소통하고 성장하는 법을 배우게 될 것입니다.
안전이 보장된 놀이와 적절한 규칙, 공감 어린 지도는 아이에게 더 나은 놀이 경험을 제공합니다. 지나친 승부욕을 경계하고, 규칙을 통해 협력과 공정함을 배우도록 도와주세요. 아이와 함께 하는 이 특별한 시간은 단순한 놀이 이상의 가치를 가지며, 아이와 아빠 모두에게 성장과 배움의 시간이 될 것입니다.

아빠표 놀이의 달인으로 나아가는 길

네덜란드 사회학자 요한 하위징아(Johan Huizinga)는 "놀이에서 모든 문화가 시작된다"고 했습니다. 놀이란 단순히 시간을 보내는 활동이 아니라 아이와 아빠가 함께 규칙을 배우고, 성취감을 느끼며, 세상을 이해하는 법을 깨닫는 과정입니다. 아이는 놀이를 통해 창의력을 키우고, 정서적 안정감을 느끼며, 부모와의 유대감을 강화합니다. 아빠에게도 이 시간은 아이의 세계를 깊이 이해하고 사랑을 표현하며, 자신도 함께 성장하는 기회가 됩니다. 놀이를 통해 아이는 단순히 즐거움뿐만 아니라 세상과 소통하는 법, 자신을 믿는 법을 배우게 됩니다. 아빠 역시 아이와의 시간을 통해 육아의 기쁨과 가족의 소중함을 다시금 느낄 수 있을 것입니다. 이제 5계명을 기억하며, 아빠표 놀이의 달인으로 한 걸음 나아가 보세요. 아이와 함께하는 매 순간이 더 큰 사랑과 성장의 시간이 될 것입니다.

SECTION 4

아빠 놀이 레시피 사용 설명서
200% 활용하는 방법

아이와 함께 하는 놀이 시간을 더욱 즐겁고 의미 있게 만들어 줄 **아빠표 놀이책!**
이 책은 간단한 준비물만으로도 창의적이고 재미있는 놀이를 할 수 있도록 구성되어 있습니다. 단순히 놀이를 따라 하는 것이 아니라, 아이의 성장과 발달을 고려한 단계별 접근 방식으로 **놀이의 몰입감과 재미**를 높일 수 있습니다. 놀이의 효과를 극대화하고, 아이와 더 깊이 소통할 수 있도록 활용하는 방법을 알려드립니다.

놀이의 기본 정보와 준비

해당 놀이에 대한 **기본적인 정보와 기대 효과, 준비물** 등을 담고 있습니다. 놀이를 시작하기 전에 **어떤 점에서 유익한지, 어떤 도구가 필요한지, 기본 원리가 무엇인지**를 먼저 이해하면 놀이가 더욱 즐겁고 의미 있게 진행됩니다.

1. 놀이명

🎉 놀이의 핵심 개념을 한눈에 알 수 있는 제목입니다.
　　예) 숫자 컵 탑 쌓기, 지그재그 컵 레이스, 공 퍼즐 빙고
≫ 놀이 제목을 보고 어떤 방식으로 진행될지 감을 잡고, 흥미를 유도할 수 있도록 구성하였습니다.

2. 놀이 효과

🎉 이 놀이가 아이에게 어떤 발달 효과를 주는지 설명하는 부분입니다.
　　예) 손과 눈의 협응력 향상, 문제 해결 능력 발달, 집중력 및 반응 속도 향상
≫ 놀이를 단순한 재미로 끝내지 않고, **아이가 성장하는 과정**을 이해하며 참여할 수 있습니다.

3. 놀이 설명

🎉 놀이의 기본적인 원리와 목표를 간단히 설명합니다.
　　예) 숫자 컵 탑 쌓기는 숫자가 적힌 컵을 활용해 기억력과 집중력을 향상시키는 놀이입니다. 아빠가 제시하는 숫자 탑을 정확하게 쌓으며 순발력과 논리적 사고력을 키울 수 있습니다.
≫ 놀이의 핵심 개념을 파악하고, 진행 방식의 기본 틀을 이해하는 데 도움이 됩니다.

4. 놀이 도구

🎉 놀이를 하기 위해 필요한 준비물을 명확하게 정리해 둔 부분입니다.
　　예) 종이컵 10개, 숫자가 적힌 종이, 펜, 타이머(옵션)
≫ 미리 준비물을 확인하면 놀이를 매끄럽게 진행할 수 있고, 가정에 있는 재료로 쉽게 준비할 수 있습니다.

5. 놀이 소개

🎉 놀이의 전체적인 흐름과 기본 원리를 설명하는 부분입니다.
　　예) 이 놀이는 숫자가 적힌 종이컵을 쌓으며 기억력을 높이는 게임입니다. 단계별로 난이도가 높아지며, 숫자 위치를 기억하고 정확하게 배치하는 과정에서 논리적 사고가 발달합니다.
≫ **놀이가 어떤 원리로 진행되는지 한눈에 파악**할 수 있으며, 아이와 함께 놀이하기 전에 어떤 방식으로 접근할지 계획할 수 있습니다.

본격적인 놀이 방법

이 페이지에서는 놀이의 **세부 진행 방법을 단계별로** 설명합니다.
놀이를 효과적으로 진행하기 위해 '준비 단계 → 적응 단계 → 도전 단계'의 3단계로 구성하고 있습니다.

6. 놀이 방법 – 3단계 진행 방식

놀이를 단순히 한 번 진행하고 끝내는 것이 아니라, **점진적으로 난이도를 높이며 아이가 성장할 수 있도록** 설계하였습니다.

준비 단계

 놀이를 하기 전, 아이가 쉽게 이해하고 흥미를 가질 수 있도록 준비하는 과정입니다.
- **놀이 환경 세팅:** 놀이 도구를 준비하고 기본적인 배치를 설정합니다.
- **아이와 규칙 공유:** 아이가 놀이 방식을 쉽게 이해할 수 있도록 간단한 설명을 합니다.
- **기본적인 동작 연습:** 놀이에 필요한 기본적인 움직임을 연습합니다.

적응 단계

 아이가 놀이에 익숙해질 수 있도록, 난이도를 낮춰 연습하는 단계입니다.
- **기본적인 목표 달성하기:** 처음에는 쉬운 난이도로 놀이를 진행하여 성공 경험을 쌓게 합니다.
- **놀이 속도와 방식 조절:** 아이의 반응에 맞춰 천천히 놀이를 익힙니다.

도전 단계

 난이도를 높여 **더 큰 성취감을 느낄 수 있도록** 하는 단계입니다.
- **시간 제한 추가:** 정해진 시간 안에 놀이를 완료해야 하는 규칙을 추가합니다.
- **놀이 목표 강화:** 더 높은 목표를 설정하여 아이가 도전할 수 있도록 합니다.

7. 아빠의 kick – 더 재미있게! 더 창의적으로!

'**아빠의 kick**'은 놀이를 더 흥미롭게 만들고, 아이의 몰입도를 높이는 다양한 방법을 소개하는 부분입니다.

✔ **"시간 제한을 활용하라!"**
- 타이머를 사용해 제한 시간을 정하면 **긴장감과 몰입도가 올라갑니다.**
  예) 30초 안에 컵을 쌓아야 하는 미션 도전!

✔ **"난이도를 아이에게 맞춰 조절하라!"**
- 놀이가 너무 쉽거나 어렵지 않도록, 아이의 수준에 맞춰 **도구 크기, 개수, 규칙을 조정**하세요.
  예) 숫자 컵 탑 쌓기에서 숫자 개수를 조정하거나, 층수를 조절하는 방식!

✔ **"아이와 함께 규칙을 만들어 보자!"**
- 놀이 규칙을 아이가 직접 만들어 보게 하면 창의력이 향상됩니다.
  예) "숫자가 아닌 색깔별로 쌓는 규칙을 추가하면 어떨까?"

✔ **"승패보다는 성취감을 중요하게!"**
- 경쟁보다는 **아이 스스로 목표를 달성하는 경험을 중요하게 여겨야 합니다.**
  예) "오늘 보다 더 높은 탑을 쌓아 볼까?" 하며 도전 욕구를 자극하세요!

마무리: 이 책을 최대한 활용하는 방법!

≫ 각 놀이마다 기본 개념을 이해한 후, 단계별 진행으로 난이도를 조절하세요!
≫ '아빠의 kick!'을 활용해 창의적인 변형을 추가하면 더욱 재미있어요!
≫ 놀이를 통해 아이의 성장과 발전을 함께 경험하며, 가족과의 소중한 시간을 만들어 가세요!

이제, 아이와 함께 신나는 놀이를 시작해 볼까요? 🌈 😊 😊

차례

기초 놀이

3~5세 대상

컵 캐치볼 ❶ / 30

풍선 스파이크 / 32

풍선 과녁 / 34

콩주머니 던지기 / 36

선 따라 다양하게 걷기 / 38

상자 안에 공 넣기 / 40

왕복달리기 / 42

양 발로 공 옮기기 / 44

우산 농구 / 46

풍선 배구 / 48

병뚜껑 불어 멀리멀리 / 50

신문지 격파 / 52

신문지 피구 / 54

페트병 볼링 / 56

책 징검다리 / 58

비치볼 로켓_초급 / 60

거미줄에 대롱대롱 / 62

아슬아슬 화장지 레이스 / 64

선 따라 컵 옮기기_초급 / 66

차례

중급 놀이 02
발달 놀이
5~7세 대상

- 테이블 컵 캐치볼 / 70
- 공 미끄럼틀 / 72
- 풍선 배드민턴 / 74
- 풍선 리프팅 / 76
- 백업(스티로폼 막대) 장애물 점핑 / 78
- 백업(스티로폼 막대) 창던지기 / 80
- 선 따라 드리블 / 82
- 떨어지는 수건 잡기 / 84
- 박스 농구 / 86
- 줄 점핑 / 88
- 박스 & 훌라후프 농구 / 90
- 비닐봉투 배구 / 92
- 병뚜껑 알까기 / 94
- 책 허들 / 96
- 스피드 컵 정리 놀이 / 98
- 공 퍼즐 빙고 / 100
- 풍선 시한폭탄 / 102
- 비치볼 로켓_중급 / 104
- 거미줄에 대롱대롱_공 대포 놀이 / 106
- 선 따라 공 옮기기_심화 / 108
- 숫자 컵 탑 쌓기 / 110

차례

고급 놀이

03

도전 놀이

7세 이상 대상

컵 저글링: 점점 낮게 점점 높게 / 114
바운딩 캐치볼 / 116
풍선 레이스 & 멀리뛰기 / 118
라켓 + 풍선 리프팅 / 120
풍선 레이스 / 122
백업(스티로폼 막대) + 풍선 야구 / 124
백업(스티로폼 막대) 시소 / 126
선 따라 하키 드리블 / 128
집중! 탁구공 골인 / 130
터널 통과 병뚜껑 놀이 / 132
페트병 야구 / 134

책 균형 잡고 옮기기 / 136
순발력 기억 놀이 / 138
집중! 공 옮기기 놀이 / 140
가재 아저씨의 탑 쌓기 / 142
풍선 크레인 놀이 / 144
아슬아슬 접시 드리블 / 146
끼리끼리 정리하기 / 148
움직이는 공 퍼즐 / 150
컵 레이스 / 152
박스 대포 놀이 / 154

차례

가족 놀이
모든 연령 협력 가능

양손 캐치볼 / 158
컵 밸런스 마스터 / 160
풍선 순발력 놀이 / 162
풍선 클레이 사격 / 164
스틱을 지켜라! / 166
아빠와 함께 커플 줄넘기 / 168
공 빙고 / 170
컵 탁구 / 172
컵 캐치볼 ❷ / 174
신문지 위에 버티기 / 176

콩주머니 놀이 종합세트 / 178
책 도미노 / 180
스피드 컵 탑 쌓기 / 182
도깨비 숫자 방망이 / 184
날아라 큐브 / 186
지그재그 컵 레이스 / 188
컵 컬링 / 190
공치기 놀이 / 192
컵 티키타카 / 194
슈팅 놀이 / 196

01 기초 놀이

초급 놀이 — 3~5세 대상

> **놀이 특징**

난이도와 접근성에서 이 놀이들은 특별한 운동 기술이나 복잡한 규칙 없이 바로 시작할 수 있도록 설계되어 있습니다. 주변에서 쉽게 구할 수 있는 도구들(컵, 풍선, 신문지 등)을 활용하여 실내에서도 안전하게 진행할 수 있으며, 아이의 발달 수준에 따라 난이도 조절이 자유롭습니다.

운동 발달 측면에서는 걷기, 달리기, 던지기, 잡기 등의 기본 운동 능력을 자연스럽게 향상시킬 수 있습니다. 전신을 사용하는 대근육 운동부터 손가락과 손목을 사용하는 소근육 운동까지 다양한 운동 발달을 촉진합니다. 특히 균형감, 협응력, 민첩성 등 기초 운동 능력의 토대를 형성하는 데 효과적입니다.

신체 발달 측면에서는 자신의 신체를 인식하고 통제하는 능력이 향상됩니다. 공간 속에서 자신의 위치를 파악하고, 움직임을 조절하는 능력이 발달하며, 양손 협응력과 눈-손 협응력 같은 통합적인 신체 발달이 이루어집니다. 이러한 활동들은 아이의 전반적인 신체 발달을 균형 있게 촉진하면서도, 놀이를 통해 자연스럽게 습득할 수 있다는 장점이 있습니다.

이 초급 놀이들의 가장 큰 장점은 안전성과 융통성 있는 변형 가능성에 있습니다. 위험 요소가 최소화된 실내 활동으로 구성되어 있어 날씨나 장소에 구애받지 않고 언제든 진행할 수 있으며, 아이의 발달 수준이나 흥미에 따라 난이도를 쉽게 조절할 수 있습니다. 또한 상황과 여건에 맞춰 다양한 방식으로 변형이 가능해 지속적인 흥미 유발이 가능합니다. 이러한 특성들이 결합되어 아이의 신체적·인지적 발달을 자연스럽게 촉진할 뿐만 아니라, 아빠와의 긍정적인 상호작용을 통해 정서적 유대감을 형성하는 효과적인 놀이 프로그램으로 완성되었습니다.

컵 캐치볼 ❶

#집중력 #좌우 협응력 #동작 기억력 #리듬감 #자세 인지력

컵 캐치볼은 집중력과 근력을 키울 수 있는 운동으로 간단한 몸풀기 놀이이지만 제대로 하면 상체와 하체의 균형을 잡는 데 효과적이며, 손과 눈의 협응력 증진과 더불어 소근육부터 대근육까지 골고루 키울 수 있습니다. 아이가 바운드에 대한 이해도가 높아지면 종이컵보다 크기가 큰 바구니와 탁구공보다 덜 튕기는 테니스공을 활용한 놀이로 확장이 가능합니다.

놀이 도구
다양한 크기의 종이컵, 탁구공

놀이 소개
아빠와 아이가 마주보고 팔을 높게 들어 공을 위에서 아래로 떨어뜨려 줍니다. 공이 튕기기를 멈추기 전까지 컵으로 공을 '캐치'하면 성공! 컵의 크기에 따라 난이도 조절이 가능합니다. 다양한 크기의 컵은 물론이고 넓이, 깊이가 다양한 공을 잡을 수 있는 그릇, 용기를 미리 준비해 주면 지루함을 덜어 다양한 형태로 놀이의 활용이 가능합니다.

초급 놀이 | 기초 놀이

🐌 놀이 방법

1 준비 단계: 공이 떨어진다는 사인을 보내고 높은 곳에서 공을 떨어뜨려 줍니다. 어느 정도 아이가 공의 바운드에 적응이 되면 바운드 속도와 방향을 다양하게 튕겨 줍니다.

2 적응 단계: 아빠가 튕긴 공을 아이가 이리저리 뛰어다니며 컵으로 캐치!

3 도전 단계: 역할을 바꾸어서 이번에는 아빠가 잡아 봅니다. 이 놀이를 통해 집중력은 물론이고 공이 바운드될 때의 힘은 반드시 쌍으로 나타난다는 작용·반작용의 원리를 자연스럽게 몸으로 익히는 효과는 덤.

아빠의 kick!

처음에는 컵으로 공을 캐치!하는 데 집중을 하지만 바운드 횟수 3회 안에 잡기, 투 바운드 > 원 바운드로 잡기와 같이 바운드 허용 한도를 정해 점차 난이도를 높여 나갑니다. 공의 바운드 원리에 익숙해지면 30초, 60초 제한 시간을 정해 두고 자신이 바운드시킨 공을 컵 안에 누가 더 많은 횟수를 성공시키는지 놀이로 전환하여 놀이의 난이도와 흥미도를 끌어올릴 수 있습니다.

풍선 스파이크

#순발력 #공간 지각력 #대근육 발달 #신체 협응력 #눈-손 협응력

풍선 스파이크는 아빠와 아이가 마주보고 하는 놀이로 아이의 높이 감각과 타이밍을 길러 주는 활동입니다. 처음에는 바닥에서 시작합니다. 아빠가 풍선을 높이 띄워 주면 아이는 타이밍에 맞춰 점프해 풍선을 칩니다. 이 과정을 통해 아이는 점프력과 타이밍을 익히게 됩니다. 적응이 되면, 아이는 의자에 올라서서 풍선을 띄워 주는 아빠의 풍선을 더 높은 위치에서 타이밍에 맞춰 점프하여 치는 단계로 나아갑니다. 이 놀이를 통해 아이는 고도의 집중력과 순발력을 기를 수 있으며, 신체 조절 능력과 공간 인지 능력을 발달시킬 수 있습니다. 풍선 스파이크는 아이가 놀이를 통해 자신감을 키우고, 신체 활동을 즐기며 건강을 증진시키는 데 도움이 됩니다.

놀이 도구
풍선, 의자

놀이 소개
아빠가 풍선을 높이 띄워 주고 아이가 점프하여 타이밍에 맞춰 풍선을 치는 놀이입니다. 이 놀이는 아이의 점프력과 타이밍, 집중력, 신체 조절 능력을 향상시키는 데 도움이 됩니다.

🐌 놀이 방법

1 **준비 단계:** 아빠와 아이가 마주보고 섭니다. 아빠가 풍선을 높이 띄워 주고 아이는 바닥에서 점프하여 풍선을 칩니다.

2 **적응 단계:** 아이가 바닥에서 풍선을 치는 것에 익숙해지면 의자에 올라서서, 풍선을 띄워 주는 아빠의 풍선을 더 높은 위치에서 점프하여 칩니다.

3 **도전 단계:** 점점 더 높은 곳에서 풍선을 치도록 도전하거나, 풍선을 여러 번 연속으로 치는 연습을 하여 타이밍과 집중력을 더욱 강화합니다.

 아빠의 kick!

처음에는 풍선을 천천히 띄워 주어 아이가 타이밍을 맞추기 쉽게 합니다. 점차 풍선을 더 높이, 더 빠르게 띄워 주어 난이도를 높입니다. 또한, 풍선을 한 손으로만 치는 것이 아니라 양손을 번갈아가며 치는 연습을 시키면 아이의 눈-손 협응력이 더욱 발달합니다. 풍선을 여러 개 사용하여 다양한 높이와 방향에서 풍선을 치는 놀이로 변형하면 아이의 집중력과 순발력을 더욱 향상시킬 수 있습니다.

풍선 과녁

#목표 집중력 #민첩성 #움직임 조절력 #공간 지각력 #대근육 협응력

훌라후프 안에 모아 둔 풍선을 콩주머니, 양말, 볼풀공 등을 활용해 훌라후프 밖으로 제거하는 놀이입니다. 이 놀이는 간단하지만 다양한 형태로 변형이 가능해 재미를 더할 수 있습니다. 먼저, 한 번에 가장 많은 풍선을 제거하기 도전입니다. 아이와 아빠는 번갈아가며 콩주머니나 양말을 던져 최대한 많은 풍선을 한 번에 제거하려고 합니다. 이후, 여러 번 시도하여 훌라후프 안의 모든 풍선을 제거하는 방식으로 놀이를 변형할 수 있습니다. 풍선 과녁은 아이의 눈과 손의 협응력을 향상시키고, 목표를 정확히 겨냥하는 능력을 키우는 데 도움이 됩니다. 또한 가족이 함께 할 수 있는 놀이로 형제·자매 간의 협력과 유대감을 강화하며 즐거운 시간을 보낼 수 있습니다.

놀이 도구
훌라후프, 풍선, 콩주머니/양말/볼풀공

놀이 소개
풍선 과녁은 훌라후프 안에 모아 둔 풍선을 콩주머니나 양말 등을 활용해 훌라후프 밖으로 제거하는 놀이입니다. 이 놀이는 아이의 눈-손 협응력과 집중력을 향상시키고, 목표를 겨냥하는 능력을 키우는 데 도움을 줍니다.

초급 놀이 | 기초 놀이

🐌 놀이 방법

1 준비 단계: 훌라후프 안에 풍선을 모아 두고, 아이와 아빠는 콩주머니나 양말, 볼풀공 등 던질 도구를 준비합니다.

2 적응 단계: 아이와 아빠는 번갈아가며 한 번에 최대한 많은 풍선을 제거하기 위해 던집니다. 이 과정에서 아이는 목표를 겨냥하는 능력을 연습합니다.

3 도전 단계: 여러 번 시도하여 훌라후프 안의 모든 풍선을 제거하는 놀이로 변형합니다. 풍선에 약간의 물을 채워 넣어 난이도를 높이거나, 어린 동생과 함께 할 경우 난이도를 조절하여 모두가 즐길 수 있도록 합니다.

 **아빠의 kick!**

이 놀이는 방법이 쉽고 간단해 어린아이도 함께 할 수 있습니다. 풍선에 약간의 물을 채워 넣으면 더 많은 근력과 집중력을 요구하게 되어 놀이의 난이도와 재미를 동시에 높일 수 있습니다. 팀을 나누어서 볼링과 같이 첫 번째 투구를 하는 사람과 남은 풍선을 제거하는 두 번째 투구를 하는 사람으로 나누어서 5프레임 또는 10프레임으로 나누어 총 합을 카운트하며 박진감 넘치는 놀이를 진행해 보세요.

콩주머니 던지기

#힘 조절력 #눈-손 협응력 #자세 안정성 #전략적 사고력 #집중력

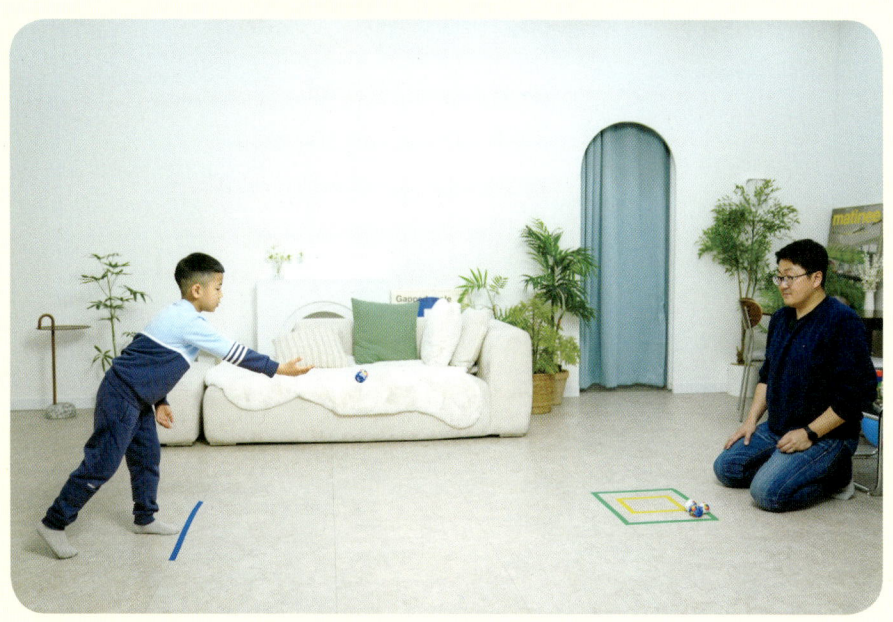

콩주머니 던지기는 일정 거리에서 콩주머니를 던져 반대편의 네모 칸 안에 가장 많이 넣는 사람이 승리하는 놀이입니다. 네모 칸은 외부에 큰 네모, 중간 크기의 네모, 그리고 가운데 작은 네모로 구성하며, 중앙에 위치할수록 높은 점수를 부여받게 됩니다. 이 놀이를 통해 아이는 던지기 기술과 거리 감각을 향상시킬 수 있습니다. 기본 놀이에 익숙해지면 목표 점수 맞추기로 특정 점수를 정하고 해당 점수와 가장 근접한 점수를 맞춘 사람이 승리합니다. 예를 들어, 목표 점수를 100점으로 설정한 후 각자 던진 콩주머니의 점수를 합산하여 100점에 가장 가까운 점수를 얻은 사람이 이기는 놀이 또는 던지는 거리를 점점 멀리 설정하여 난이도를 높입니다. 농구의 3점 슛, 2점 슛처럼 멀리서 던질수록 높은 점수를 부여하는 놀이로의 확장도 가능합니다.

놀이 도구 콩주머니 여러 개, 마스킹 테이프(바닥에 네모 칸 표시)

놀이 소개
콩주머니 던지기는 아이와 아빠가 일정 거리에서 콩주머니를 던져 네모 칸에 넣는 놀이로, 던지기 기술과 거리 감각을 기르는 데 효과적입니다.

초급 놀이 기초 놀이

🐌 놀이 방법

1 준비 단계: 콩주머니 여러 개와 바닥에 큰 네모, 중간 네모, 작은 네모로 구성된 네모 칸을 표시합니다. 각 네모 칸의 점수는 큰 네모는 10점, 중간 네모는 20점, 작은 네모는 30점으로 설정합니다.

2 적응 단계: 아빠와 아이는 일정 거리에서 네모 칸을 향해 콩주머니를 던집니다. 각자가 던진 콩주머니가 네모 칸 안에 들어가면 해당하는 점수를 얻습니다. 놀이는 일정한 횟수의 던지기 후 점수를 합산하여 가장 높은 점수를 받은 사람이 승리합니다.

3 도전 단계: 놀이의 난이도를 높이기 위해 다양한 변형을 시도합니다. 목표 점수 맞추기, 멀리서 던지기, 팀플레이 등으로 놀이를 변형하여 아이의 집중력과 협동심을 기릅니다.

 **아빠의 Kick!**

놀이가 익숙해지면 놀이의 난이도를 높이기 위해 눈을 감고 던져 봅니다. 이 방법은 아이의 감각을 더욱 발달시킬 수 있습니다. 또한 콩주머니를 다양한 방식으로 던져 봅니다. 예를 들어, 왼손으로 던지기, 한 발로 서서 던지기 등으로 변화를 줍니다. 그동안 잘 사용하지 않던 온몸의 다양한 감각들이 되살아나는 것을 느낄 수 있습니다.

선 따라 다양하게 걷기

#균형 감각 #동적 자세 조절력 #신체 중심 잡기 #시각적 추적 능력 #전정 감각

선 따라 다양하게 걷기는 퇴근길 집 앞 문방구에서 구입한 간단한 마스킹 테이프 하나로도 정말 다양한 놀이를 즐길 수 있는 활동입니다. 특히 비가 오거나 눈이 와서 외출이 힘들 때, 집에서 신체를 움직이며 놀이를 하고 싶다면 강력히 추천하는 놀이입니다. 이 놀이를 통해 아이들은 균형 감각과 신체 조절 능력을 키우고, 집중력을 강화할 수 있습니다. 아빠와 함께 놀이를 하며 유대감을 형성하고 즐거운 시간을 보낼 수 있습니다.

놀이 도구 마스킹 테이프

놀이 소개

선 따라 다양하게 걷기는 집 안의 넓은 바닥 공간에서 마스킹 테이프로 다양한 모양의 길을 만들어 걷고 뛰는 놀이입니다. 이 놀이는 균형 감각과 신체 조절 능력을 발달시키고, 집중력을 강화하는 데 효과적입니다.

🐌 놀이 방법

1 **준비 단계:** 마스킹 테이프를 사용하여 바닥에 다양한 모양의 길을 만듭니다. 예를 들어, 지그재그 라인, V 라인, 사각형, 삼각형 등의 모양을 자유롭게 구성합니다.

2 **적응 단계:** 아빠와 아이는 테이프로 만든 길을 따라 걷습니다. 처음에는 앞으로 걷기를 시도하고, 길을 걷는 동안 테이프 밖으로 발이 나가지 않도록 주의합니다.

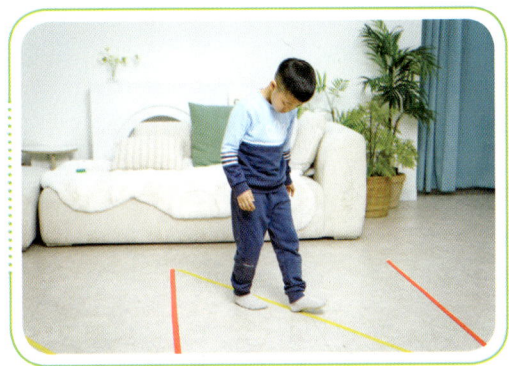

3 **도전 단계:** 난이도를 높여 옆으로 걷기, 뒤로 걷기, 한 발로 걷기를 시도합니다. 추가로 길 뛰어넘기와 줄 따라 걷기 등의 변형 놀이를 통해 다양한 도전을 제공합니다.

 **아빠의 kick!**

처음에는 간단한 길을 따라 걷는 것으로 시작하고, 점차 복잡한 모양의 길을 만들어 도전해 보세요. 놀이 중간중간에 아이에게 다양한 걷기 방식(옆으로, 뒤로, 한 발로)을 제시하여 신체 조절 능력을 극대화할 수 있습니다. 놀이에 익숙해지면 머리 위에 책을 올리고 집중해서 걷기, 숟가락 위에 공 올리고 걷기로 난이도와 몰입감을 함께 높여 보는 것도 재미있습니다.

상자 안에 공 넣기

#거리 지각력 #눈-손 협응력 #힘 조절 능력 #집중력 #공간 인지력

일정한 거리에 상자를 두고 그 안에 공을 넣는 놀이입니다. 단순한 형태의 놀이이지만 공의 크기를 다양하게 하거나, 공과 상자 간의 거리를 점차 늘려 가면서, 또 상자의 크기를 조절하여 재미난 놀이로 변형할 수 있습니다. 놀이에 익숙해지면 원 바운드로 넣기, 투 바운드로 넣기, 코끼리 코 5바퀴 하고 공 3개 연속으로 던지기 등 다양한 형태로 변환을 통해 흥미도를 높일 수 있습니다. 이 놀이를 통해 아이는 던지기 기술과 거리 감각을 향상시키고, 집중력과 조준력을 기를 수 있습니다.

놀이 도구
공 여러 개, 상자(크기 조절 가능)

놀이 소개
상자 안에 공 넣기는 공을 던져 일정한 거리에 있는 상자에 넣는 놀이입니다. 이 놀이는 던지기 기술과 거리 감각을 기르고, 집중력과 조준력을 향상시키는 데 효과적입니다.

놀이 방법

1 준비 단계: 일정한 거리에 상자를 두고, 다양한 크기의 공을 준비합니다. 아빠와 아이는 공을 상자 안에 넣기 위해 준비합니다.

2 적응 단계: 아빠와 아이는 공을 던져 상자 안에 넣는 연습을 합니다. 처음에는 가까운 거리에서 시작해 상자에 공을 넣는 데 익숙해지도록 합니다.

3 도전 단계: 놀이에 익숙해지면 공과 상자 간의 거리를 점차 늘려 가며 난이도를 높입니다. 원 바운드로 넣기, 투 바운드로 넣기, 코끼리 코 5바퀴 후 공 3개 연속 던지기 등의 변형을 통해 흥미를 높입니다.

아빠의 kick!

처음에는 간단한 던지기 연습을 통해 아이가 놀이에 익숙해지도록 하고, 점차 난이도를 높입니다. 예를 들어, 공의 크기와 상자의 크기를 다양하게 조절하여 놀이에 변화를 줍니다. 상자 뒤에 책이나 또 다른 상자 등으로 가벽을 세워 두고 벽면을 맞춰서 넣기 등 다양한 형태로 공 넣기 놀이를 진행하면 공이 상자에 들어갈 때의 거리 감각을 익힐 수 있습니다.

왕복달리기

#균형 감각 #동적 자세 조절력 #대근육 협응력 #자세 전환력

왕복달리기는 출발점에 여러 개의 공을 준비하고 3m, 5m 거리에 공을 담을 상자나 바구니를 두고 진행하는 놀이입니다. 아빠의 출발 신호에 맞춰 정해진 공을 빠르게 반대편으로 옮기면 됩니다. 처음에는 앞으로 이동해서 공을 옮기기를 시작으로, 갈 때는 앞으로 걷기, 공을 넣고 돌아올 때는 뒤로 걷기, 두 발 점프하며 오기, 한 발 점프하며 오기 등 다양한 형태로 놀이를 변형시킬 수 있습니다. 이 놀이를 통해 아이는 달리기 실력과 순발력을 기르며, 신체 조절 능력과 유연성을 향상시킬 수 있습니다.

놀이 도구 공 여러 개, 상자나 바구니

놀이 소개

왕복달리기는 출발점에서 공을 옮겨 정해진 거리에 있는 상자나 바구니에 넣는 놀이로 지루한 달리기를 재미있게 실내에서 할 수 있습니다. 이 놀이는 달리기 실력과 순발력을 기르고, 신체 조절 능력과 유연성을 향상시키는 데 효과적입니다.

초급 놀이 **기초 놀이**

🐌 놀이 방법

1 **준비 단계:** 출발점에 여러 개의 공을 준비하고 3m, 5m 거리에 공을 담을 상자나 바구니를 준비합니다.

2 **적응 단계:** 아빠의 출발 신호에 맞춰 아이는 공을 빠르게 반대편 상자나 바구니로 옮깁니다. 처음에는 앞으로 이동해서 공을 옮기는 연습을 합니다.

3 **도전 단계:** 놀이에 익숙해지면 갈 때는 앞으로 걷고, 공을 넣고 돌아올 때는 뒤로 걷기, 두 발 점프하며 오기, 한 발 점프하며 오기 등 다양한 변형을 시도하여 난이도를 높입니다.

 **아빠의 kick!**

처음에는 간단한 달리기와 공 옮기기 연습을 통해 아이가 놀이에 익숙해지도록 하고, 점차 난이도를 높입니다. 예를 들어, 공의 무게를 다양하게 조절하거나, 공을 옮기는 거리를 늘려 놀이에 변화를 줍니다. 뒤로 걷기, 두 발 점프, 한 발 점프 등 다양한 변형을 시도해 아이의 흥미를 유지합니다. 각자의 상자에 10개의 공을 넣고 서로의 상자에 공을 옮겨 담아 1분 후 상자에 더 적은 공을 가진 사람이 이기는 놀이로도 변형이 가능합니다.

양 발로 공 옮기기

#신체 균형감 #다중 감각 통합 #양측 협응력 #근 조절력 #미세 운동 능력

양발로 공 옮기기는 양발을 동시에 사용하여 좌뇌와 우뇌를 통합시켜 발달할 수 있는 놀이입니다. 소파나 의자에 앉아 한쪽 상자에 담긴 공을 반대편 상자로 옮기는 놀이로, 발바닥을 맞대어 공을 잡아 이동하거나 발가락을 사용하여 미세하게 컨트롤하며 이동하기도 가능합니다. 이 놀이를 통해 아이는 상·하체 근력 및 코어 근육을 골고루 발달시킬 수 있으며, 미세 운동 능력과 집중력을 높일 수 있습니다.

놀이 도구 공 여러 개와 상자

놀이 소개
양발로 공 옮기기는 소파나 의자에 앉아 한쪽 상자에 담긴 공을 반대편 상자로 옮기는 놀이입니다. 발바닥을 맞대어 공을 잡거나 발가락을 사용하여 이동하며, 상자의 높이를 다양하게 조절하여 난이도를 높일 수 있습니다. 이 놀이는 아이의 좌뇌와 우뇌 통합을 촉진하고, 상·하체 근력과 코어 근육을 발달시키며, 미세 운동 능력을 향상시키는 데 효과적입니다.

놀이 방법

1 준비 단계: 소파나 의자에 앉아 한쪽 상자에 공을 담아 준비합니다. 반대편에는 비어 있는 상자를 둡니다.

2 적응 단계: 발바닥을 맞대어 공을 잡고 반대편 상자로 이동시키는 연습을 합니다. 처음에는 상자들이 바로 옆에 위치하도록 하여 아이가 놀이에 익숙해지도록 합니다.

3 도전 단계: 놀이에 익숙해지면 상자의 높이와 거리를 다양하게 조절합니다. 발가락을 사용하여 공을 이동시키는 방법도 시도해 보며 난이도를 높입니다.

아빠의 kick!

처음에는 간단한 방법으로 시작하고 점차 난이도를 높여 보세요. 크기가 서로 다른 공으로 놀이를 진행하거나 동글동글한 공 모양이 아닌 다양한 모양의 물체 옮기기, 상자의 높이와 거리를 조절하여 놀이의 변화를 줍니다. 발가락을 사용하는 방법이나 시간제한 도전 등 다양한 변형을 시도해 아이의 흥미를 이끌어 내 보시기 바랍니다.

우산 농구

#눈-손 협응력 #거리 지각력 #힘 조절력 #공간 인지력 #집중력

우산 농구는 집에 있는 우산과 공을 활용해 재미난 농구 놀이를 즐기는 활동입니다. 이 운동을 통해 아이는 집중력과 공간 지각 능력을 향상시키고, 거리 감각과 신체 조절 능력을 기를 수 있습니다. 우산의 크기와 높이를 다양하게 조절하여 아이의 신체 능력에 맞는 골대를 만들 수 있습니다. 이 놀이를 통해 실내에서도 활동적인 농구 놀이를 즐기며, 아빠와 함께하는 시간을 통해 유대감을 강화할 수 있습니다.

 놀이 도구 다양한 사이즈의 우산, 공 여러 개, 의자나 테이블

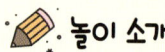 **놀이 소개**

우산 농구는 우산을 농구 골대로 활용하여 공을 넣는 놀이입니다. 우산의 크기와 높이를 조절하여 다양한 크기의 골대를 만들 수 있으며, 공을 많이 넣는 사람이 승리하는 놀이입니다. 이 놀이는 아이의 집중력과 공간 지각 능력을 향상시키고, 거리 감각과 신체 조절 능력을 기르는 데 효과적입니다.

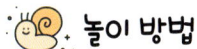 **놀이 방법**

1 준비 단계: 우산을 준비하고, 의자나 테이블에 고정하여 다양한 높이의 농구 골대를 만듭니다. 공 여러 개를 준비합니다.

2 적응 단계: 아빠와 아이는 가까운 거리에서 시작해 우산 골대 안에 공을 넣는 연습을 합니다. 처음에는 큰 우산과 가까운 거리에서 시작하여 아이가 놀이에 익숙해지도록 합니다.

3 도전 단계: 놀이에 익숙해지면 우산의 크기와 높이를 다양하게 조절하여 난이도를 높입니다. 공과 우산 골대 간의 거리를 점차 늘려 가며 도전합니다.

 **아빠의 kick!**

처음에는 큰 우산과 가까운 거리에서 공을 던져 넣는 연습을 통해 아이가 놀이에 익숙해지도록 도와주세요. 점차 우산의 크기와 높이를 다양하게 조절하고, 공을 던지는 거리를 늘려 가며 난이도를 높입니다. 다양한 변형을 시도하여 놀이의 흥미를 유지하고, 아이의 집중력과 신체 조절 능력을 최대한 끌어올릴 수 있도록 합니다.

풍선 배구

#반응 속도   #눈-손 협응력   #동체시력   #타이밍 조절력   #상호작용 능력

풍선 배구는 집에서 쉽게 구할 수 있는 풍선을 활용해 즐길 수 있는 간단하고 재미있는 놀이입니다. 좁은 공간에서도 충분히 가능하며, 아이와 아빠가 함께 시간을 보낼 수 있는 활동입니다. 풍선을 공처럼 사용하여 배구를 즐기며, 집중력과 신체 조절 능력을 향상시킬 수 있습니다. 놀이의 난이도를 높이기 위해 풍선에 아주 조금 물을 넣으면 물의 이동에 따라 풍선이 더욱 다이내믹하게 움직여 놀이가 더 활동적이 되고 재미를 더할 수 있습니다. 이 놀이는 아이와 아빠가 함께 활동하며 유대감을 강화하고, 실내에서도 활발한 신체 활동을 즐길 수 있습니다.

놀이 도구 풍선

놀이 소개

풍선 배구는 풍선을 공처럼 활용하여 배구를 즐기는 놀이입니다. 풍선에 약간의 물을 넣어 다이내믹한 움직임을 더해 주어 난이도를 높일 수 있습니다. 좁은 공간에서도 충분히 놀이를 즐길 수 있으며, 아이의 집중력과 신체 조절 능력을 기르고, 아빠와 함께하는 시간을 통해 유대감을 형성할 수 있습니다.

놀이 방법

1 **준비 단계:** 풍선을 준비하고, 약간의 물을 넣어 다이내믹한 움직임을 더해 줍니다. 놀이할 공간을 충분히 확보하고 주변에 깨지기 쉬운 물건이 없도록 정리합니다.

2 **적응 단계:** 아빠와 아이는 풍선을 주고받으며 배구를 시작합니다. 처음에는 가까운 거리에서 풍선을 주고받으며 놀이에 익숙해지도록 합니다.

3 **도전 단계:** 놀이에 익숙해지면 풍선을 주고받는 거리를 점차 늘리고, 다양한 방향으로 풍선을 던져 반응 속도를 테스트합니다. 또한, 여러 개의 풍선을 사용하여 난이도를 높일 수 있습니다.

아빠의 kick!

처음에는 간단한 주고받기 연습을 통해 아이가 놀이에 익숙해지도록 도와주세요. 점차 거리를 늘리고, 다양한 방향으로 풍선을 던져 반응 속도를 테스트하며 난이도를 조절합니다. 여러 개의 풍선을 사용하거나, 풍선에 약간의 물을 넣어 다이내믹한 움직임을 더해 주어 놀이의 재미를 높입니다. 주고받는 랠리가 아닌 한 번씩 번갈아가며 비닐봉투를 치며 10회, 20회 땅에 떨어뜨리지 않고 치기 놀이로 변형해 협동심을 키워 줄 수도 있습니다.

병뚜껑 불어 멀리멀리

#눈-입 협응력 #거리 지각력 #전략적 사고 #구강 운동 능력 #집중력

병뚜껑 불어 멀리멀리는 테이블 끝에서 반대편 테이블 끝까지 병뚜껑을 불어 보내는 놀이입니다. 누가 더 멀리 병뚜껑을 보내는지 대결하며 집중력과 호흡 조절 능력을 기를 수 있습니다. 병뚜껑을 너무 세게 불면 테이블 아래로 떨어질 수 있기 때문에 적절한 호흡과 바람의 강도를 조절해야 합니다. 이 놀이는 아이의 반사 신경과 신체 조절 능력을 향상시켜 줍니다.

 놀이 도구 다양한 크기의 음료수 병뚜껑

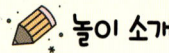 **놀이 소개**

병뚜껑 불어 멀리멀리는 테이블 끝에서 병뚜껑을 불어 반대편 테이블 끝까지 보내는 놀이입니다. 누가 더 멀리 병뚜껑을 보내는지 대결하며 호흡 조절과 집중력을 기를 수 있습니다. 적절한 바람의 강도를 조절해 병뚜껑을 멀리 보내는 것이 목표입니다.

초급 놀이 기초 놀이

놀이 방법

1 **준비 단계:** 테이블의 양 끝에 아빠와 아이가 서서 병뚜껑을 준비합니다.

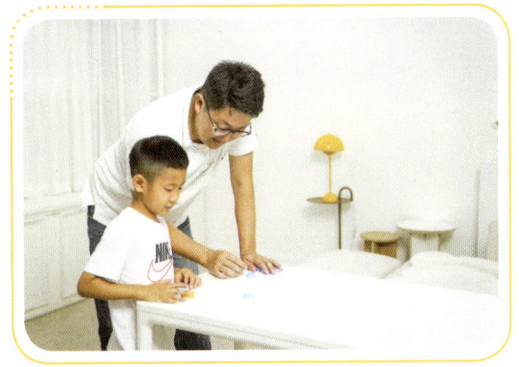

2 **적응 단계:** 병뚜껑을 부는 연습을 합니다. 적절한 호흡과 바람의 강도를 조절하여 병뚜껑을 멀리 보내는 연습을 합니다.

3 **도전 단계:** 놀이를 시작하여 누가 더 멀리 병뚜껑을 보내는지 대결합니다. 병뚜껑이 테이블 아래로 떨어지지 않도록 주의하며 집중력과 호흡 조절 능력을 테스트합니다.

 **아빠의 kick!**

처음에는 병뚜껑을 부는 연습을 통해 아이가 놀이에 익숙해지도록 도와주세요. 여러 모양과 크기의 병뚜껑을 검은 비닐봉투 안에 담고 랜덤으로 뽑아서 정해진 선 가까이 가게 불도록 합니다. 병뚜껑의 크기가 달라짐에 따라 내가 불어 내야 하는 호흡량도 달라지기 때문에 박진감 넘치는 놀이로의 전개가 가능합니다. 아이가 조금 더 연령대가 있다면 병뚜껑 불기로 상대의 병뚜껑을 테이블 아래로 떨어뜨리는 놀이로도 변형이 가능합니다.

신문지 격파

#전신 협응력 #신체 인식력 #자세 균형감 #도전 정신 #자신감 #순발력

신문지 격파는 아빠와 아이가 함께 하는 신체 활동 놀이로, 신문지를 다양한 방식으로 격파하며 신체 조절 능력을 발달시키고 스트레스를 해소할 수 있는 활동입니다. 아빠가 신문지를 펼쳐 잡아 주면 아이는 주먹, 손날, 발차기 등 다양한 신체 부위를 사용해 신문지를 격파합니다. 이 과정에서 아이는 자신감을 느끼고, 에너지를 발산하며 신문지가 찢어지는 순간의 성취감을 경험할 수 있습니다. 놀이를 통해 아이는 신체의 다양한 부분을 사용하는 경험을 쌓고, 집중력과 힘 조절 능력을 기르게 됩니다.

 **놀이 도구** 신문지 여러 장

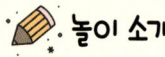 **놀이 소개**

신문지 격파는 신문지를 이용해 다양한 방식으로 격파하는 신체 활동 놀이입니다. 이 놀이는 아이의 신체 조절 능력과 반사 신경을 발달시키고, 신문지를 찢는 순간의 성취감을 통해 스트레스를 해소할 수 있도록 돕습니다.

초급 놀이 기초 놀이

🐌 놀이 방법

1 준비 단계: 아빠는 신문지를 펼쳐서 잡고, 아이는 격파할 준비를 합니다. 신문지는 한 장으로 시작합니다.

2 적응 단계: 아이는 주먹, 손날, 발차기 등 다양한 방법으로 신문지를 격파합니다. 처음에는 천천히 진행하며 아이가 신체 동작에 익숙해지도록 돕습니다.

3 도전 단계: 익숙해지면 신문지를 여러 장 겹쳐 난이도를 높입니다. 겹치는 신문지의 장수를 점차 늘리면서 아이의 힘과 집중력을 시험해 보세요.

 **아빠의 kick!**

★ **격파의 즐거움 강조:** 신문지를 격파할 때마다 큰 환호와 격려를 해 주세요. 아이가 신문지를 찢을 때 느끼는 성취감이 더 커지도록 돕고 놀이에 대한 흥미를 높일 수 있습니다. 신문지가 찢어지는 순간을 크게 칭찬하며 아이의 자신감을 북돋아 주세요.

★ **안전 우선:** 격파 놀이 중 아이가 과도한 힘을 쓰지 않도록 지도해 주세요. 특히 발차기나 다른 신체 부위를 사용할 때 주변에 다칠 위험이 있는 물건이 없는지 확인하고, 신문지를 잡고 있는 아빠의 손이나 얼굴에 신경 쓰도록 아이에게 알려 주세요.

★ **다양한 신체 부위 활용 독려:** 아이가 특정 신체 부위만 사용하는 것에 익숙해지지 않도록 다양한 부위를 활용하도록 유도해 주세요. 손, 발, 엉덩이, 머리 등 모든 신체 부위를 사용해 신문지를 찢는 연습을 통해 신체의 균형 있는 발달을 도울 수 있습니다.

신문지 피구

#전신 협응력 #던지기 정확성 #동적 균형감 #순간 판단력 #집중력

신문지 피구는 신문지 격파 놀이를 마친 후 이어서 즐길 수 있는 활동으로, 격파한 신문지를 뭉쳐 만든 공을 활용하여 피구 놀이를 진행합니다. 이 놀이를 통해 아이는 신체를 활발히 움직이며 대근육 발달을 돕고, 순발력과 민첩성을 기를 수 있습니다. 또한 신문지 공을 던질 때 힘과 정확도를 조절하면서 목표를 맞추는 능력을 키울 수 있습니다. 신문지 공은 가볍고 부드러워 안전하게 즐길 수 있어 모든 연령대의 아이들이 참여 가능합니다.

놀이 도구 신문지(격파한 것), 테이프(신문지 공 고정용)

놀이 소개

신문지 피구는 격파한 신문지를 뭉쳐 공으로 만들어 서로 맞추며 즐기는 신체 활동 놀이입니다. 아이는 신문지 공을 던지고 피하면서 자연스럽게 몸을 활발히 움직이게 되며, 근육 발달과 함께 순발력, 민첩성도 향상됩니다.

놀이 방법

1 준비 단계: 격파한 신문지를 동글동글하게 뭉쳐 공을 만듭니다. 공이 형태를 유지할 수 있도록 테이프로 살짝 고정합니다. 다양한 크기의 공을 만들어 놀이에 변화를 줄 수 있습니다.

2 적응 단계: 아빠와 아이는 각각 신문지 공을 들고 서로를 맞추는 피구 놀이를 시작합니다. 처음에는 천천히 공을 던지며 놀이에 익숙해지도록 합니다.

3 도전 단계: 공을 던지는 속도와 힘을 조절하고, 피하는 동작을 빠르게 하면서 놀이의 난이도를 높입니다. 장애물을 활용하거나 팀전을 도입해 피구 놀이를 더욱 다양하게 즐길 수 있습니다.

 **아빠의 kick!**

집 안의 가구나 쿠션 등을 장애물로 설정하여 피구 놀이에 난이도를 추가합니다. 장애물을 피하거나 활용해 숨고 공격하는 재미를 더할 수 있습니다.

★ **공의 크기와 난이도 조절:** 신문지 공의 크기와 무게를 조절하여 난이도를 맞추세요. 큰 공은 더 쉽게 던지고 맞출 수 있지만, 작은 공은 더 정확한 조준이 필요합니다. 또한 공의 무게를 살짝 더해 더 멀리 던지거나, 다양한 크기의 공을 번갈아 사용해 재미를 더할 수 있습니다.

★ **공격과 방어 연습:** 놀이 중에는 아이가 공격뿐만 아니라 방어에도 신경을 쓰도록 유도하세요. 상대방이 던진 공을 피하는 동작을 강조하면서 아이가 반사 신경을 기를 수 있도록 합니다. 동시에 공을 던질 때는 목표를 잘 맞출 수 있도록 힘과 각도를 조절하는 연습도 함께 진행하세요.

페트병 볼링

#눈-손 협응력 #거리 지각력 #방향 조절력 #힘 조절력 #운동 계획력

페트병 볼링 놀이는 집에서 간단하게 준비할 수 있는 신체 활동으로 마시고 난 페트병을 활용해 공을 굴려 쓰러뜨리는 놀이입니다. 이 놀이를 통해 아이는 손과 눈의 협응력, 집중력, 그리고 목표를 향해 공을 정확히 굴리는 조절 능력을 발달시킬 수 있습니다. 공을 굴려 페트병을 쓰러뜨리는 순간의 성취감은 아이에게 큰 즐거움을 주고, 신체 조절 능력을 자연스럽게 향상시킵니다. 페트병에 약간의 물을 넣어 무게를 바꿈으로써 난이도를 조절할 수 있으며, 공을 굴리는 거리나 페트병의 배치를 다양하게 변경하여 새로운 도전을 제공할 수 있습니다.

놀이 도구
페트병 10개, 다양한 종류의 공

놀이 소개
페트병 볼링 놀이는 페트병을 삼각형 모양으로 배치하고, 공을 굴려 페트병을 쓰러뜨리는 놀이입니다. 이 놀이는 아이의 손과 눈의 협응력과 집중력을 향상시키며, 공을 굴리는 과정에서 조절 능력을 발달시키는 데 효과적입니다.

초급 놀이 | 기초 놀이

🐌 놀이 방법

1 **준비 단계:** 페트병을 10개 모아 삼각형 모양으로 바닥에 배치합니다. 페트병이 너무 가볍지 않도록 약간의 물을 넣어 줍니다.

2 **적응 단계:** 아이와 아빠는 번갈아가며 공을 굴려 페트병을 쓰러뜨립니다. 처음 시도할 때는 공의 움직임을 익히기 위해 천천히 진행하며, 공을 굴리는 힘과 각도를 조절하는 연습을 합니다.

3 **도전 단계:** 놀이에 익숙해지면 페트병의 물의 양을 조절하거나, 공을 던지는 거리를 늘려 난이도를 높입니다. 페트병의 배치를 다양하게 변형하여 새로운 도전 과제를 제공하고, 아이의 조절 능력과 집중력을 더욱 강화할 수 있습니다.

 아빠의 kick!

★ **정확도 향상 연습:** 처음에는 페트병이 모여 있는 중앙을 목표로 공을 굴리며 연습하게 도와주세요. 아이가 공을 굴리는 방법을 익히면 조금씩 거리를 늘리거나 각도를 조절해 도전의 난이도를 높여 보세요.

★ **다양한 놀이 변형 시도:** 페트병의 배치를 달리하거나, 다양한 크기의 공을 사용해 놀이를 변형해 보세요. 예를 들어, 작은 공으로는 더 많은 집중력과 정확도가 필요하게 됩니다.

★ **경기 요소 추가:** 놀이에 작은 경기 요소를 도입해 보세요. 점수를 매기거나, 더 많은 페트병을 쓰러뜨린 사람이 이기는 놀이로 진행하면 아이의 경쟁심과 도전 의식을 자극할 수 있습니다.

책 징검다리

#균형 감각 #시각적 집중력 #주의력 분배 #동작 계획력 #순차적 처리 능력

책 징검다리 놀이는 집에 있는 다양한 책들을 활용해 아이의 균형 감각과 점프력을 키울 수 있는 재미있는 활동입니다. 이 놀이는 책을 밟고 이동하는 과정에서 신체 조절 능력을 기르며, 책의 배치에 따라 다양한 신체 동작을 시도할 수 있는 기회를 제공합니다. 아이는 책의 위치와 간격을 계산하며 점프를 통해 이동하는 과정에서 신체적 능력과 문제 해결 능력을 발달시킬 수 있습니다. 놀이가 반복될수록 새로운 도전을 제공하여 아이의 집중력과 창의력을 키우는 데도 효과적입니다.

 놀이 도구 다양한 크기와 두께의 책

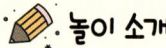 **놀이 소개**

책 징검다리 놀이는 책을 징검다리처럼 배치하고, 그 위를 밟고 점프하며 이동하는 놀이입니다. 책의 배치를 다양하게 조정하여 난이도를 높이면서 아이의 균형 감각과 점프력을 향상시킬 수 있습니다.

초급 놀이 기초 놀이

🐌 놀이 방법

1 준비 단계: 아빠는 책을 직선으로 배치해 아이가 차례대로 밟고 이동할 수 있도록 준비합니다. 아이는 출발선에 서서 대기합니다.

2 적응 단계: 아이는 차례대로 책 위를 밟고 이동합니다. 이 과정에서 균형을 유지하며 책에서 책으로 안전하게 이동하는 연습을 합니다.

3 도전 단계: 아빠는 책의 배치를 지그재그로 변경하거나, 책 사이의 간격을 넓히거나 좁히며 난이도를 높입니다. 불규칙한 배치를 통해 아이가 다양한 점프와 이동 동작을 시도하도록 유도합니다. 특정 미션을 추가해 아이가 두 발 모아 점프하기, 두 발 벌려 점프하기 등 다양한 동작을 수행하며 책 징검다리를 건너도록 합니다.

 **아빠의 kick!**

책을 직선뿐만 아니라 다양한 형태로 배치해 보세요. 예를 들어, 지그재그, 원형, 또는 불규칙한 간격으로 배치하면 아이는 다양한 동작을 시도하게 되고, 이를 통해 놀이의 재미를 더욱 높일 수 있습니다.

★ **도전 목표 설정:** 놀이 도중 아이에게 작은 도전 과제를 설정해 주세요. "이번에는 더 멀리 점프해 볼까?", "더 복잡한 배치를 만들어 보자!"와 같은 목표를 통해 아이의 도전 의식을 자극하고 성취감을 높일 수 있습니다.

비치볼 로켓_초급

#손-팔 협응력 #시각-운동 통합 #소근육 발달 #근 조절력

비치볼 로켓 놀이는 비치볼과 종이컵을 활용하여 신체의 다양한 부위를 사용해 '컵 로켓'을 발사하는 놀이입니다. 이 과정에서 아이는 손과 발의 협응력과 집중력을 기르며, 신체 활동을 통해 전신 운동 효과를 누릴 수 있습니다. 또한 가족과 함께 협력하여 놀이를 진행하며 협동심과 소통 능력을 발달시킬 수 있습니다.

놀이 도구
비치볼(공기 2/3 정도), 종이컵, 바구니

놀이 소개
비치볼 로켓 놀이는 비치볼 위에 종이컵을 놓고 손이나 무릎, 발을 이용해 힘껏 쳐서 컵을 멀리 발사하는 놀이입니다. 이 놀이는 손과 눈의 협응력과 신체 조절 능력을 발달시키는 데 매우 효과적이며, 실내·외에서 쉽게 즐길 수 있습니다.

 **놀이 방법**

1 준비 단계: 비치볼에 2/3 정도 공기를 넣고 바구니를 준비합니다. 종이컵을 비치볼 위에 놓고, 아이는 무릎이나 손바닥으로 컵을 쳐서 발사할 준비를 합니다. 아빠가 시범을 보여 주며 손으로 누르는 속도와 강도에 따라 종이컵이 날아가는 정도가 다르다는 것을 보여 줍니다.

2 적응 단계: 아이는 손바닥이나 무릎을 사용해 종이컵을 발사시켜 멀리 날려 보내는 연습을 합니다. 이 과정에서 내가 주는 힘에 따라 컵이 멀리 날아가기도, 짧게 날아가기도 한다는 것을 스스로 익히게 도와줍니다.

3 도전 단계: 아빠와 아이가 팀을 이루어 한 명은 종이컵을 발사하고, 다른 한 명은 바구니를 들고 컵을 받아 냅니다. 바구니에 더 많이 컵을 담은 팀이 승리하며, 난이도에 따라 손, 무릎, 발을 번갈아가며 진행할 수 있습니다.

 **아빠의 kick!**

★ **초기에는 손바닥으로 시작:** 처음에는 손바닥으로 컵을 쳐서 발사하기 쉬운 방식으로 시작하고, 아이가 익숙해지면 무릎이나 발을 사용한 더 어려운 방법으로 난이도를 높입니다. 종이컵 외에도 양말 뭉치, 작은 공 등을 사용해 새로운 변형 놀이를 시도할 수 있습니다. 무게가 달라지면 발사 속도와 방향이 달라지므로 도전의 요소가 추가됩니다.

거미줄에 대롱대롱

#눈-손 협응력 #동작 계획력 #도구 조작력 #집중력 #타이밍 감각

거미줄에 대롱대롱 놀이는 훌라후프와 테이프를 이용해 거미줄 모양을 만들어, 다양한 거리에서 공을 던져 붙이는 활동입니다. 이 놀이는 아이들이 직접 거미줄을 만들고 던지기를 통해 손과 눈의 협응력과 집중력을 향상시키는 데 매우 효과적입니다. 공을 정확히 던져 테이프에 붙이는 과정에서 신체 조절 능력이 발달하며, 공을 붙일 때마다 점수를 획득하여 도전 의식과 성취감을 동시에 느낄 수 있습니다.

놀이 도구
훌라후프, 접착테이프, 작은 공(볼풀공, 스펀지 공 등)

놀이 소개
훌라후프에 다양한 방향으로 붙인 테이프를 거미줄처럼 만들어 일정 거리에서 공을 던져 테이프에 붙이는 놀이입니다. 중앙에 가까울수록 높은 점수를 얻는 규칙으로 놀이의 재미를 더할 수 있으며, 다양한 거리와 공의 종류를 활용해 난이도를 조절할 수 있습니다.

초급 놀이 기초 놀이

🐌 놀이 방법

1 준비 단계: 아빠와 아이가 함께 훌라후프에 접착테이프를 붙여 거미줄 모양을 만듭니다. 테이프는 다양한 방향으로 붙여 복잡한 구조를 만들고, 테이프의 접착 면이 아이들 쪽을 향하도록 훌라후프를 세팅합니다.

2 적응 단계: 1m 거리에서 공을 던져 거미줄에 공을 붙이는 연습을 합니다. 처음에는 가까운 거리에서 천천히 던지기를 시작합니다.

3 도전 단계: 거리를 3m, 5m로 늘려 던지며 더 멀리서 공을 정확하게 붙이는 도전을 합니다. 공의 크기와 무게를 바꿔 가며 던지기를 진행하고, 제한 시간 안에 공을 많이 붙이는 경쟁으로 놀이를 확장할 수 있습니다.

아빠의 Kick!

★ **점수 보너스 규칙 추가:** 중앙에 공을 붙였을 때만 점수를 주는 것이 아니라, 더 멀리서 던질수록 보너스 점수를 주는 규칙을 추가해 놀이의 흥미를 더욱 높일 수 있습니다.

아슬아슬 화장지 레이스

#손의 미세 조절력 #집중력 #인내심 #문제 해결력 #전략적 사고

아슬아슬 화장지 레이스는 두루마리 화장지와 물이 담긴 컵을 천천히 감아 안전하게 이동시키는 놀이입니다. 이 활동을 통해 아이는 손의 섬세한 조작 능력과 집중력을 기르며, 물이 쏟아지지 않도록 조심스럽게 행동하면서 손과 눈의 협응력이 자연스럽게 발달됩니다. 긴장감 속에서 물컵을 옮기는 과정은 아이에게 도전 의식과 성취감을 제공하고, 문제 해결 능력을 기르는 데도 큰 도움이 됩니다.

 놀이 도구 두루마리 화장지, 물이 담긴 작은 컵(종이컵 또는 유리컵)

놀이 소개

아슬아슬 화장지 레이스는 두루마리 화장지를 감으며 물컵을 안전하게 자신 쪽으로 옮기는 놀이입니다. 물이 쏟아지지 않도록 천천히 감아 가며 휴지가 찢어지지 않게 조심하는 것이 목표입니다. 손의 섬세한 움직임을 요구하는 이 놀이는 집중력과 협응력을 동시에 키울 수 있는 활동입니다.

🐌 놀이 방법

1 **준비 단계:** 두루마리 화장지를 길게 펼치고, 끝 단에 물이 담긴 작은 컵을 조심스럽게 올려놓습니다. 각자 준비된 화장지와 물컵 앞에서 대기합니다. 어린 동생은 처음에는 아빠가 함께 플레이하며 놀이의 이해를 체험하게 도와줍니다.

2 **적응 단계:** 신호가 주어지면 천천히 두루마리 화장지를 감으며, 물컵을 자신 쪽으로 이동시키는 연습을 합니다. 물이 쏟아지지 않도록 신중하게 움직이면서 조작 능력을 발달시킵니다.

3 **도전 단계:** 물의 양을 늘리거나, 더 먼 거리에서 시작해 난이도를 높여 갑니다. 타이머를 설정하여 누가 더 빠르고 안정적으로 물컵을 옮기는지 겨루는 경쟁 요소를 추가할 수 있습니다.

아빠의 kick!

물컵을 안전하게 옮기는 과정에서 집중력이 요구되며, 화장지를 더 길게 펼치고 시작하면 놀이의 도전성이 증가합니다. 거리가 길어질수록 더 섬세하게 화장지를 감아야 하며, 조작 실수 시 물이 쏟아질 가능성도 커져 긴장감이 높아집니다.

선 따라 컵 옮기기_초급

#리듬감 #양손 협응력 #시각-운동 통합 #좌·우뇌 균형 #운동 계획력

선 따라 컵 옮기기는 마스킹 테이프로 만든 도형을 따라 양손에 종이컵을 들고 동시에 움직이는 놀이입니다. 이 활동을 통해 아이는 양손의 협응력, 집중력, 그리고 공간 인식 능력을 발달시킬 수 있습니다. 손을 서로 다른 방향으로 동시에 움직이며 목표를 달성하는 도전적인 과정은 손 조절 능력을 키우고, 문제 해결 능력까지 함께 발달시킵니다.

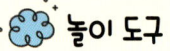 **놀이 도구** 마스킹 테이프, 종이컵 2개

놀이 소개

선 따라 컵 옮기기는 마스킹 테이프를 이용해 테이블 위에 도형을 만든 후, 양손에 각각 종이컵을 들고 마스킹 테이프 선을 따라 움직이는 놀이입니다. 두 손이 동시에 다른 방향으로 움직이기 때문에 양손 협응력이 요구되며, 집중력을 발휘해 종이컵을 선 위로 정확히 이동시키는 것이 목표입니다.

 **놀이 방법**

1 준비 단계: 테이블 위에 마스킹 테이프를 사용해 2개의 사각형 도형을 만들어 각각의 시작 지점을 정합니다. 아이는 양손에 종이컵을 들고 시작점에서 준비합니다.

2 적응 단계: 시계 방향으로 선을 따라 종이컵을 이동시키며, 양손이 동시에 움직일 수 있도록 연습합니다. 한 바퀴를 돌아 다시 시작 지점에 도착하면 성공입니다.

3 도전 단계: 반시계 방향으로도 도전하며, 여러 바퀴를 돌려 도전하는 난이도를 높입니다. 손을 X 자로 교차하여 동일한 형태로 놀이를 진행함으로써 더 많은 집중력과 조정력이 필요한 상황을 만들어 냅니다.

 아빠의 kick!

사각형에서의 움직임이 익숙해지면 다양한 도형과 변형을 통해 놀이의 변화를 즐기며 지루함 없이 계속해서 몰입할 수 있습니다. 마스킹 테이프 선 위에 작은 장난감이나 물체를 두어 장애물 통과하기 도전을 추가할 수 있습니다. 이 과정에서 아이는 손 조절 능력을 더욱 세밀하게 연습할 수 있습니다. 장애물 통과 시에는 장애물이 놓인 선 바깥으로 종이컵 이동을 허용하는 규칙을 추가합니다.

02 발달 놀이

중급 놀이 ● 5~7세 대상

놀이 특징

난이도와 접근성에서 이 놀이들은 챕터 1의 기초를 바탕으로 한 단계 발전된 형태로 구성하였습니다. 일상적인 도구들(컵, 풍선, 책 등)을 더 창의적이고 복합적으로 활용하며, 단순한 동작에서 발전하여 여러 동작의 연계와 다중 과제 수행이 요구됩니다. 특히 5~7세 아이들의 향상된 운동 능력과 인지 발달을 고려한 난이도에 맞게 설계하였습니다.

운동 발달 측면에서는 기본 운동 능력을 바탕으로 더 정교하고 복합적인 동작으로 발전합니다. 한 가지 동작을 정확하게 수행하는 것을 넘어 여러 동작의 연속적 수행과 도구의 정교한 조작이 요구됩니다. 특히 타이밍 조절, 공간 지각력, 신체 협응력 등이 통합적으로 요구되어 더 높은 수준의 운동 발달을 촉진합니다.

신체 발달 측면에서는 단순한 신체 인식과 통제를 넘어 전략적이고 계획적인 움직임이 강조됩니다. 공간 속에서 여러 요소를 동시에 고려하는 복합적 판단력이 요구되며, 양손 협응, 전신 협응, 눈-손 협응 등이 더욱 정교하게 발달합니다. 이러한 활동들은 아이의 고차원적인 운동 기술과 인지 능력을 동시에 발달시키는 특징이 있습니다.

이 중급 놀이들의 가장 큰 특징은 도전성과 성취감입니다. 초급보다 높아진 난이도로 인해 더 많은 시도와 노력이 필요하지만 그만큼 성공했을 때의 성취감도 큽니다. 또한 놀이 과정에서 문제 해결력, 전략적 사고력, 창의력 등 인지적 능력의 발달도 함께 이루어집니다. 이러한 특성들이 결합되어 아이의 신체적·인지적 발달을 한층 더 성장시키는 동시에, 아빠와의 상호작용을 통해 도전과 성취의 즐거움을 함께 경험할 수 있는 효과적인 발달 놀이 프로그램으로 구성되었습니다.

테이블 컵 캐치볼

#신체 협응력 #예측 타이밍력 #동적 균형감 #눈-손 협응력 #도구 활용력

테이블 컵 캐치볼은 집중력과 근력을 키울 수 있는 운동으로 간단한 몸풀기 놀이이지만 제대로 하면 상체와 하체의 균형을 잡는 데 효과적이며, 손과 눈의 협응력 증진과 더불어 소근육부터 대근육까지 골고루 키울 수 있습니다. 아이가 바운드에 대한 이해도가 높아지면 종이컵보다 크기가 큰 바구니와 탁구공보다 덜 튕기는 테니스공을 활용한 놀이로 확장이 가능합니다.

 놀이 도구 테이블, 다양한 크기의 종이컵, 탁구공

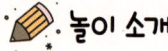 **놀이 소개**

아빠와 아이가 마주보고 팔을 높게 들어 공을 위에서 아래로 떨어뜨려 줍니다. 공이 튕기기를 멈추기 전까지 컵으로 공을 '캐치'하면 성공! 컵의 크기에 따라 난이도 조절이 가능합니다. 다양한 크기의 컵은 물론이고 넓이, 깊이가 다양한 공을 잡을 수 있는 주방에 있는 그릇, 용기를 미리 준비해 주면 지루함을 덜어 다양한 형태로 놀이의 활용이 가능합니다.

 **놀이 방법**

1 **준비 단계:** 테이블을 중앙에 둔 채 서로 마주보고 공을 바운드시켜 준다.

2 **적응 단계:** 미리 정해진 규칙(원 바운드, 투 바운드 등)에 맞춰 컵으로 공을 캐치!

3 **도전 단계:** 바운드와 캐치에 익숙해지면 올림픽 탁구 결승전 못지않은 스피디한 랠리가 이어집니다.

 아빠의 kick!

더욱 박진감 넘치는 놀이를 하기 위해서 '동물 이름 말하기' 놀이와 함께 연결해 봅니다. 아빠가 공을 튕기면서 "사자"라고 하면 아이가 튕긴 공을 받으면서 "코끼리"라고 말합니다. 정해진 바운드 횟수에 캐치를 하면서 동시에 동물 이름을 말하면 득점입니다. 반대로 정해진 바운드 횟수 내에 공을 캐치하지 못하거나, 공을 잡으면서 큰 소리로 동물 이름을 말하지 않으면 실점합니다. 일정 시간 내 다득점한 사람이 승리합니다.

공 미끄럼틀

#시각적 추적 능력 #민첩성 #협동 능력 #운동 계획력 #타이밍 예측력 #반응 속도

공 미끄럼틀 놀이는 상대가 미끄럼틀(경사)을 통해 아래로 내려보내는 공을 많이 잡아내는 사람이 승리하는 놀이입니다. 아이는 아빠의 손과 눈을 번갈아 보며 공의 출발 타이밍을 예측합니다. 눈을 떼지 않으려다 보면 고도의 집중력은 덤.

 놀이 도구 미끄럼틀(경사면을 만들 수 있는 도구), 다양한 크기의 공

놀이 소개

공 미끄럼틀 놀이는 아이와 아빠가 미끄럼틀을 통해 공을 내려보내고 잡아내는 간단하지만 재미있는 놀이입니다. 이 놀이는 아이의 집중력을 높이고 손-눈 협응을 도와줍니다. 아이가 공의 출발 타이밍을 예측하고 빠르게 반응하여 공을 잡아내는 능력을 키울 수 있습니다.

중급놀이 **발달 놀이**

놀이 방법

1 준비 단계: 아빠가 슬라이드 판 위에서 공을 준비하고 아이에게 신호를 보냅니다. 아이는 공이 언제 내려올지 예측하며 집중합니다.

2 적응 단계: 아빠가 미끄럼틀을 통해 공을 내려보내면 아이는 손을 사용해 공을 잡아냅니다. 여러 번 반복하며 반사 신경을 향상시킵니다.

3 도전 단계: 역할을 바꾸어 아이가 공을 내려보내고 아빠가 잡습니다. 이 과정을 통해 공의 움직임과 타이밍을 자연스럽게 익힐 수 있습니다.

아빠의 kick!

처음에는 공을 잡는 데 집중하게 하지만, 다양한 크기와 무게의 공을 사용하여 난이도를 조절합니다. 공이 내려오는 속도를 예측하는 것이 익숙해지면 2개 이상의 공을 동시에 내려보내거나, 공을 내려보내기 전 다양한 신호를 사용해 아이의 집중력을 높입니다. 또한, 제한 시간을 두고 일정 시간 안에 몇 개의 공을 잡아내는지 경기를 하며 놀이의 흥미를 더할 수 있습니다.

풍선 배드민턴

#방향 전환력 #도구 조작력 #동체시력 #복합 협응력 #유연성 #타이밍 조절력

풍선 배드민턴은 다양한 도구를 라켓으로 활용하여 아빠와 함께 풍선을 주고받는 놀이입니다. 처음에는 가볍게 주고받기를 시작하여 아이가 풍선의 움직임에 익숙해지도록 합니다. 그 후 아빠는 다양한 높이와 방향으로 풍선을 보내며 아이가 자연스럽게 앞·뒤로, 좌·우로 움직이며 신체를 조절하는 방법을 배우게 합니다. 이 놀이를 통해 아이들은 손과 눈의 협응력, 균형 감각, 그리고 신체 조절 능력을 발달시킬 수 있습니다. 풍선을 주고받는 동안 아이는 집중력과 순발력을 키울 수 있으며, 다양한 도구를 활용하여 놀이에 변화를 줄 수 있습니다.

 놀이 도구 풍선, 다양한 도구를 라켓으로 활용

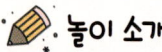 **놀이 소개**

아빠와 아이가 함께 즐길 수 있는 놀이로 다양한 도구를 라켓으로 사용하여 풍선을 주고받는 놀이입니다. 이 놀이는 아이의 손-눈 협응력과 균형 감각을 향상시키고, 신체 조절 능력을 키우는 데 도움을 주는 신체 활동을 통해 건강을 증진시키고, 놀이를 통한 성취감과 즐거움을 느끼게 합니다.

중급 놀이 **발달 놀이**

🐌 놀이 방법

1 **준비 단계:** 아빠와 아이는 각각 라켓 역할을 할 도구를 선택합니다. 처음에는 플라스틱 판이나 종이 접시를 사용하여 가볍게 풍선을 주고받습니다.

2 **적응 단계:** 아빠는 다양한 높이와 방향으로 풍선을 보내며 아이가 앞·뒤로, 좌·우로 움직이도록 합니다. 이 과정을 통해 아이는 풍선의 움직임에 익숙해지고 신체를 조절하는 방법을 배웁니다.

3 **도전 단계:** 비닐봉지와 같은 체공 시간이 짧은 물체를 사용하여 난이도를 높입니다. 아이가 집중력과 순발력을 더욱 발휘해야 하며, 이로 인해 더욱 큰 성취감을 느끼게 됩니다.

 **아빠의 kick!**

처음에는 기본적인 주고받기를 통해 아이가 놀이에 익숙해지도록 하고, 점차 난이도를 높입니다. 예를 들어, 풍선을 더 높이 띄우거나 빠르게 주고받으며 아이의 반응 속도를 높입니다. 또한 제한 시간을 두고 일정 시간 안에 몇 번의 주고받기를 성공하는지 경기를 하며 놀이의 흥미를 더할 수 있습니다. 다양한 도구를 사용하여 놀이에 변화를 주고, 새로운 도전을 제공함으로써 아이의 집중력과 신체 능력을 극대화할 수 있습니다.

풍선 리프팅

#연속 동작 수행력　#신체 부위 인식력　#동작 전환력　#균형 제어력　#순차적 처리 능력

풍선 리프팅은 다양한 신체 부위를 활용해 풍선을 땅에 떨어뜨리지 않고 오래오래 튕기는 놀이입니다. 먼저 손바닥을 사용하여 풍선을 공중으로 튀어 오르게 하며 컨트롤하는 감각을 익힙니다. 이 때 풍선이 움직이는 방향과 속도를 조절하는 능력을 키울 수 있습니다. 손바닥에 익숙해지면 손등, 발, 어깨, 머리 등 다양한 신체 부위를 사용하여 풍선을 튕기기 시작합니다. 이 과정에서 아이는 신체 각 부위의 협응력을 높이고, 반사 신경을 향상시킬 수 있습니다. 놀이에 익숙해지면 아빠가 제시하는 신체 부위 순서에 맞춰 풍선을 튕기는 단계로 넘어갑니다. 예를 들어, "손-발-손등"과 같이 아빠가 제시한 순서를 듣고 그에 맞춰 풍선을 튕깁니다. 이 과정을 통해 아이는 순발력과 집중력을 기르며, 명령을 빠르게 이해하고 실행하는 능력을 발달시킬 수 있습니다. 풍선 리프팅은 아이의 전반적인 신체 조절 능력과 운동 능력을 향상시키는 데 효과적이며, 아빠와 함께 하는 놀이를 통해 즐거운 추억을 쌓을 수 있습니다. 또한 이 놀이를 통해 아이는 다양한 신체 부위를 활용하는 능력을 키우고, 놀이를 통해 성취감과 자신감을 얻을 수 있습니다.

놀이 도구　풍선

놀이 소개
풍선 리프팅은 아빠와 아이가 다양한 신체 부위를 사용하여 풍선을 땅에 떨어뜨리지 않고 튕기는 놀이입니다. 이 놀이는 아이의 신체 조절 능력과 반사 신경을 향상시키고, 다양한 신체 부위를 활용하는 능력을 키우는 데 도움이 됩니다.

놀이 방법

1 준비 단계: 아이는 손바닥을 사용하여 풍선을 공중으로 튀기며 컨트롤하는 연습을 합니다. 풍선이 움직이는 방향과 속도를 조절하는 능력을 키웁니다.

2 적응 단계: 손바닥에 익숙해지면 손등, 발, 어깨, 머리 등 다양한 신체 부위를 사용하여 풍선을 튕깁니다. 이 과정을 통해 아이는 신체 각 부위의 협응력을 높이고 반사 신경을 향상시킵니다.

3 도전 단계: 아빠가 제시하는 신체 부위 순서에 맞춰 풍선을 튕깁니다. 예를 들어, "손-발-손등"과 같은 순서를 듣고 그에 맞춰 풍선을 튕기는 놀이를 통해 아이는 순발력과 집중력을 기르게 됩니다.

 **아빠의 kick!**

처음에는 기본적인 신체 부위로 풍선을 튕기는 연습을 하고 이어 아빠 한 번, 나 한 번 번갈아가며 릴레이 형태로 풍선 리프팅 놀이를 통해 적응을 하며 점차 난이도를 높입니다. 예를 들어, 더 빠르게 풍선을 튕기거나, 여러 번 연속으로 튕기는 도전을 추가합니다. 아빠가 제시하는 신체 부위의 순서를 점점 더 복잡하게 만들어 아이의 집중력과 순발력을 극대화할 수 있습니다. 또한 풍선 대신 비닐봉지를 사용하여 체공 시간을 짧게 만들어 난이도를 높일 수도 있습니다.

백업(스티로폼 막대) 장애물 점핑

#신체 제어력 #도약력 #장애물 인지력 #근력 #전신 협응력 #순차적 동작 수행력

백업(스티로폼 막대)을 활용한 신체 활동 놀이로 아이들의 거리 감각과 높이 감각을 발달시키는 데 효과적입니다. 이 놀이의 기본 방식은 스티로폼 막대를 바닥에 놓고 건드리지 않도록 점프를 통해 통과하는 것입니다. 스티로폼 막대의 간격을 다양하게 조절하여 아이가 뛰어넘어야 할 거리를 달리하면 거리 감각을 기를 수 있습니다. 놀이를 더 재미있고 도전적으로 만들기 위해 아빠가 스티로폼 막대를 들고 점차 높이를 높여 가며 다양한 높이에 대한 감각을 키울 수 있습니다. 백업(스티로폼 막대)의 개수가 많지 않다면, 아이들이 갖고 있는 다양한 크기의 동화책을 스티로폼 막대 중간 중간에 세워서 장애물로 활용할 수 있습니다. 이렇게 하면 다양한 높이와 거리감을 경험하면서 즐겁게 놀 수 있습니다. 이 놀이를 통해 아이들은 신체 조절 능력, 균형 감각, 그리고 순발력을 향상시킬 수 있습니다.

놀이 도구 백업(스티로폼 막대)

놀이 소개

스티로폼 막대 장애물 점핑은 백업(스티로폼 막대)과 동화책을 이용해 다양한 높이와 거리의 장애물을 설정하고 이를 점프하여 통과하는 놀이입니다. 이 놀이는 아이의 신체 조절 능력, 균형 감각, 순발력을 발달시키는 데 효과적입니다.

🐌 놀이 방법

1 **준비 단계:** 바닥에 백업(스티로폼 막대)을 놓고 아이가 이를 점프하여 통과하는 연습을 합니다. 스티로폼 막대의 간격을 조절하여 아이가 뛰어 넘어야 할 거리를 다양하게 설정합니다.

2 **적응 단계:** 아빠가 스티로폼 막대를 들고 점차 높이를 높여 가며, 아이가 다양한 높이의 장애물을 점프하여 통과하도록 합니다. 스티로폼 막대의 높이를 조절하여 아이의 높이 감각을 키웁니다.

3 **도전 단계:** 백업(스티로폼 막대)의 개수가 많지 않을 경우 동화책을 스티로폼 막대 중간중간에 세워서 장애물로 활용합니다. 다양한 크기의 동화책을 이용해 높이와 거리감을 달리하여 놀이를 진행합니다.

 **아빠의 kick!**

처음에는 기본적인 점프 연습을 통해 아이가 놀이에 익숙해지도록 하고 두 발 모아 점프를 시작으로 두 발을 모아 옆으로 점프하기, 한 발 점프하기로 점프의 방법을 다양하게 하며 평소 잘 쓰지 않는 다양한 하체의 근육들을 사용하여 신체 조절 능력과 근력을 키워 줄 수 있습니다.

백업(스티로폼 막대) 창던지기

#거리 지각력 #도구 조작력 #신체 협응력 #타이밍 조절력 #방향 전환력 #힘 조절력

백업(스티로폼 막대) 창을 잡고 몸을 활처럼 뒤로 젖힌 다음, 앞으로 쭉 뻗어 최대한 멀리 던지는 것이 목표입니다. 이때 상체와 하체를 동시에 잘 활용해야 창을 더 멀리 보낼 수 있습니다. 가장 멀리 던지는 사람이 승리하는 이 놀이는 아이들의 힘과 균형 감각을 기르는 데 도움이 됩니다. 놀이에 익숙해지면 정밀 타기팅(targeting)과 타깃 맞추기와 같은 변형을 통해 놀이의 재미를 더할 수 있습니다. 이를 통해 아이들은 목표를 정확히 겨냥하는 능력과 집중력을 키울 수 있습니다. 창던지기 놀이를 통해 아이들은 신체 활동의 즐거움을 느끼고, 도전과 성취감을 경험할 수 있습니다.

놀이 도구 백업(스티로폼 막대), 상자나 통, 종이컵

놀이 소개

백업(스티로폼 막대) 창던지기 놀이는 몸을 활처럼 뒤로 젖혔다가 앞으로 쭉 뻗어 스티로폼 막대 창을 최대한 멀리 던지는 놀이입니다. 이 놀이는 아이의 힘과 균형 감각을 기르는 데 효과적이며, 다양한 변형을 통해 목표 겨냥 능력과 집중력을 향상시킬 수 있습니다.

🐌 놀이 방법

1 **준비 단계:** 아빠와 아이는 백업(스티로폼 막대) 창을 잡고 몸을 활처럼 뒤로 젖혔다가 앞으로 쭉 뻗어 창을 던지는 연습을 합니다. 가장 멀리 던지는 사람이 승리합니다.

2 **적응 단계:** 놀이에 익숙해지면 상자나 통을 목표로 창을 던져 정확하게 집어넣는 정밀 타기팅을 시도합니다. 이를 통해 목표를 겨냥하는 능력을 연습합니다.

3 **도전 단계:** 테이블이나 종이컵 위에 공을 올려 두고 스티로폼 막대 창으로 맞춰 떨어뜨리는 타깃 맞추기 놀이를 진행합니다. 다양한 높이와 거리에서 시도하며 집중력과 목표 겨냥 능력을 강화합니다.

아빠의 kick!

처음에는 기본적인 창던지기를 통해 아이가 놀이에 익숙해지도록 하고, 점차 난이도를 높입니다. 예를 들어, 더 멀리 던지기 위해 창을 던질 때의 자세와 힘 조절을 지도합니다. 또한 정밀 타기팅과 타깃 맞추기와 같은 변형을 통해 놀이의 흥미를 유지하고, 아이의 집중력과 목표 겨냥 능력을 극대화합니다. 놀이를 통해 아이는 도전과 성취감을 경험하며, 아빠와 함께하는 시간을 통해 가족 간의 유대감을 강화할 수 있습니다. 이 모든 과정에서 아빠와 아이는 함께 시간을 보내며 소중한 추억을 쌓을 수 있습니다.

선 따라 드리블

#방향 전환력 #균형 감각 #하체 근력 #복합 운동 수행력 #시각적 추적력

선 따라 드리블은 아이와 함께 만든 마스킹 테이프 위를 따라 공을 굴리며 걷는 놀이입니다. 먼저 다양한 형태로 걸어 보는 활동을 통해 아이가 선에 익숙해졌다면, 이제 난이도를 높여 보겠습니다. 아이와 함께 꼬불꼬불한 미로 모양의 선을 만들고 그 선을 따라 발로 공을 굴리며 걸어 봅니다. 다양한 크기의 공을 활용하여 신체 조절 능력을 키울 수 있습니다. 공이 데굴데굴 굴러가는 것을 컨트롤하기가 힘들다면 콩주머니나 양말을 돌돌 말아 사용하는 것도 좋습니다. 이 방법을 사용하면 어린 동생도 쉽게 놀이를 즐길 수 있습니다. 이 놀이를 통해 아이는 발과 눈의 협응력, 균형 감각, 그리고 집중력을 향상시킬 수 있습니다.

 놀이 도구 마스킹 테이프, 다양한 크기의 공, 콩주머니 또는 돌돌 만 양말

놀이 소개
선 따라 드리블은 마스킹 테이프로 만든 길을 따라 발로 공을 굴리며 걷는 놀이입니다. 이 놀이는 눈-발 협응력, 균형 감각, 집중력, 신체 조절 능력을 향상시키고, 가족 간의 유대감을 강화하는 데 효과적입니다.

놀이 방법

1 준비 단계: 마스킹 테이프를 사용해 바닥에 다양한 형태의 길을 만듭니다. 꼬불꼬불한 미로 모양의 선을 만들어 주세요.

2 적응 단계: 아빠와 아이는 마스킹 테이프로 만든 길을 따라 먼저 걸어 봅니다. 이 과정에서 길의 형태와 난이도에 익숙해지도록 합니다.

3 도전 단계: 길을 따라 발로 공을 굴리며 걷습니다. 다양한 크기의 공을 사용해 난이도를 조절하고, 공을 컨트롤하며 길을 따라 걷습니다. 공이 힘들다면 콩주머니나 돌돌 만 양말을 사용해 보세요.

아빠의 kick!

처음에는 간단한 길을 따라 걷는 것으로 시작하고, 점차 복잡한 모양의 길을 만들어 도전해 보세요. 공의 크기를 다양하게 하는 것도 놀이의 지루함을 덜어 줄 수 있습니다. 조금 더 난이도를 높인다면 빙글빙글 코끼리 코를 한 뒤 선 따라 드리블하기로 변형해 볼 수 있습니다.

떨어지는 수건 잡기

#순발력 #집중력 #운동 예측력 #타이밍 조절력 #자세 제어력 #방향 전환력

떨어지는 수건 잡기는 집에 있는 손수건이나 보자기를 활용해 언제 어디서든 쉽게 놀이가 가능하며, 아이의 순발력을 테스트해 보기 좋습니다. 먼저 아빠와 아이가 마주보고 팔을 쭉 뻗습니다. 아빠는 가볍게 손수건을 양손으로 쥐고 아래로 떨어뜨릴 준비를 하고, 아이는 아빠의 손등 위에 손을 올려 둡니다. 처음에는 아이가 떨어지는 순간을 예측할 수 있게 신호를 보내고 수건을 떨어뜨립니다. 놀이에 익숙해지면 불시에 수건을 떨어뜨립니다. 이 놀이는 아이의 순발력과 반사 신경을 강화하며, 집중력과 신체 조절 능력을 발달시킬 수 있습니다.

 놀이 도구 손수건 또는 보자기

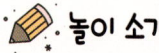 **놀이 소개**

떨어지는 수건 잡기는 아빠와 아이가 마주보고 수건을 떨어뜨려 잡는 놀이입니다. 이 놀이는 아이의 순발력과 반사 신경을 기르고, 집중력과 신체 조절 능력을 발달시키는 데 효과적입니다.

중급 놀이 | 발달 놀이

🐌 놀이 방법

1 **준비 단계:** 아빠와 아이가 마주보고 팔을 쭉 뻗습니다. 아빠는 가볍게 손수건을 양손으로 쥐고 아래로 떨어뜨릴 준비를 합니다. 아이는 아빠의 손등 위에 손을 올려 둡니다.

2 **적응 단계:** 처음에는 아빠가 수건을 떨어뜨리기 전에 신호를 주어 아이가 떨어지는 순간을 예측할 수 있도록 합니다. 아이가 수건을 잡는 연습을 합니다.

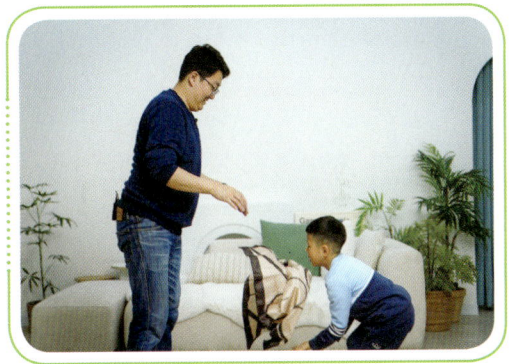

3 **도전 단계:** 놀이에 익숙해지면 신호 없이 불시에 수건을 떨어뜨립니다. 아이가 순발력과 반사 신경을 발휘하여 수건을 잡도록 합니다.

 아빠의 kick!

처음에는 간단한 방법으로 시작하고 점차 난이도를 높여 보세요. 예를 들어, 수건을 떨어뜨리는 높이와 속도를 다양하게 조절하거나, 여러 개의 수건을 동시에 떨어뜨려 아이가 잡도록 도전합니다. 왼손과 오른손에 있는 수건을 시차를 두고 떨어뜨려 잡기, 수건 사이에 탁구공, 골프공과 같이 무게가 다양한 물건을 넣어 묶어서 떨어지는 속도를 다양하게 하여 재미난 놀이를 합니다. 수건 안에 들어간 공을 다양하게 하여 랜덤으로 선택하게 함으로써 뽑기의 재미까지 더해지면 단순한 놀이지만 즐거움과 몰입감은 2배가 됩니다.

박스 농구

#거리 감각 #집중력 #던지기 정확성 #시각적 추적력 #자세 안정성 #동작 타이밍

박스 농구는 아빠와 아이가 함께 즐길 수 있는 간단하면서도 재미있는 놀이입니다. 일정한 거리에서 아빠는 머리 위에 상자를 들고, 아이는 공을 던져 상자 안에 넣는 목표를 가지고 놀이를 진행합니다. 아이가 해당 높이와 거리에서 공 넣기가 익숙해지면 아빠가 앉은 자세에서 선 자세까지 높이를 조절하고, 상자의 크기를 큰 크기에서 작은 크기로 변경하여 골대의 크기를 조절합니다. 이 과정을 통해 아이의 몰입감을 이끌어 낼 수 있습니다. 이 놀이를 통해 아이는 던지기 기술과 거리 감각을 향상시키고, 집중력과 조준력을 기를 수 있습니다.

🌀 놀이 도구 상자, 공 여러 개

✏️ 놀이 소개

박스 농구는 아빠가 머리 위에 상자를 들고 아이가 공을 던져 상자 안에 넣는 놀이입니다. 이 놀이는 던지기 기술과 거리 감각을 기르고, 집중력과 조준력을 향상시키는 데 효과적입니다.

놀이 방법

1 준비 단계: 일정한 거리에서 아빠는 머리 위에 상자를 든 채 앉거나 서고, 아이는 공을 던질 준비를 합니다.

2 적응 단계: 아빠와 아이는 가까운 거리에서 시작해 공을 던져 상자 안에 넣는 연습을 합니다. 처음에는 거리를 짧게 하여 아이가 놀이에 익숙해지도록 합니다.

3 도전 단계: 놀이에 익숙해지면 공과 상자 간의 거리를 점차 늘려 가며 난이도를 높입니다. 아빠는 앉은 자세에서 선 자세까지 높이를 조절하고, 상자의 크기를 큰 크기에서 작은 크기로 변경하여 아이의 몰입감을 이끌어 냅니다.

아빠의 kick!

처음에는 간단한 던지기 연습을 통해 아이가 놀이에 익숙해지도록 하고 점차 난이도를 높입니다. 예를 들어, 공의 크기와 상자의 크기를 다양하게 조절하여 놀이에 변화를 줍니다. 정해진 시간 안에 누가 더 많은 골을 넣는지 엄마와 동생과 팀을 나누어 진행하며 온 가족이 쉽고 간단하게 함께 즐길 수 있는 놀이입니다.

줄 점핑

#점프력 #하체 근력 #리듬감 #신체 협응력 #운동 예측력 #순간 판단력

줄 점핑은 아빠가 좌·우로 줄을 이동시키면 아이가 타이밍에 맞춰 줄을 피해 점핑하는 놀이입니다. 줄의 속도를 점점 높이며 난이도를 조절할 수 있으며, 줄을 바닥에서 이동시키는 것부터 시작해 점차 높이를 높여 더 높은 점프를 유도할 수 있습니다. 이 놀이는 아이의 점프력과 반사 신경을 향상시키고, 순발력과 신체 조절 능력을 기르는 데 효과적입니다. 놀이를 통해 아빠와 아이는 함께 시간을 보내며 유대감을 강화할 수 있습니다.

놀이 도구 줄넘기

놀이 소개
줄 점핑은 아빠가 줄을 좌·우로 이동시키면 아이가 타이밍에 맞춰 점프하는 놀이입니다. 줄의 이동 속도와 높이를 조절하여 난이도를 높일 수 있으며, 아이의 점프력과 반사 신경을 기르는 데 효과적입니다. 이 놀이는 아이와 아빠가 함께 즐길 수 있는 활동으로 신체 조절 능력과 유대감을 강화합니다.

놀이 방법

1 **준비 단계:** 줄을 준비하고, 놀이 공간을 충분히 확보합니다. 주변에 장애물이 없도록 정리합니다.

2 **적응 단계:** 아빠가 줄을 좌·우로 천천히 이동시키며 아이는 줄을 피해 점프합니다. 처음에는 줄의 속도를 천천히 하여 아이가 놀이에 익숙해지도록 합니다.

3 **도전 단계:** 아빠와 아이의 역할을 바꿔 재미난 놀이를 이어 갑니다.

 **아빠의 kick!**

놀이에 익숙해지면 줄의 속도를 점점 높이고, 줄의 높이도 점차 높여 가며 아이가 더 높은 점프를 할 수 있도록 유도합니다. 줄로 하는 놀이는 첫째도 안전, 둘째도 안전입니다. 주변 공간을 넉넉히 확보 후 놀이를 진행하고 짧은 동요를 부르며 동요가 끝날 때까지 점프를 시도하면 지루하지 않게 여러 번 점프를 하며 키 성장에 도움되는 효과도 얻을 수 있습니다.

박스 & 훌라후프 농구

#도구 활용력 #복합 동작 수행력 #거리 지각력 #눈-손 협응력 #공간 지각력

박스 농구와 훌라후프 농구는 집에 있는 상자와 훌라후프를 활용해 재미난 농구 놀이를 즐기는 활동입니다. 이 운동을 통해 아이는 집중력과 공간 지각 능력을 향상시키고, 거리 감각과 신체 조절 능력을 기를 수 있습니다. 상자와 훌라후프의 크기 및 높이를 다양하게 조절하여 아이의 신체 능력에 맞는 골대를 만들 수 있습니다. 이 놀이를 통해 실내에서도 활동적인 농구 놀이를 즐기며, 아빠와 함께하는 시간을 통해 유대감을 강화할 수 있습니다.

놀이 도구
상자 또는 훌라후프, 공 여러 개, 의자나 테이블

놀이 소개
박스 농구와 훌라후프 농구는 상자와 훌라후프를 농구 골대로 활용하여 공을 넣는 놀이입니다. 상자와 훌라후프의 크기 및 높이를 조절하여 다양한 크기의 골대를 만들 수 있으며, 공을 많이 넣는 사람이 승리하는 놀이입니다. 이 놀이는 아이의 집중력과 공간 지각 능력을 향상시키고, 거리 감각과 신체 조절 능력을 기르는 데 효과적입니다.

🐌 놀이 방법

1 **준비 단계:** 상자와 훌라후프를 준비하고 의자나 테이블에 고정하여 다양한 높이의 농구 골대를 만듭니다. 공 여러 개를 준비합니다.

2 **적응 단계:** 아빠와 아이는 가까운 거리에서 시작해 상자 또는 훌라후프 골대 안에 공을 넣는 연습을 합니다. 처음에는 큰 상자나 훌라후프를 가까운 거리에 두고 시작하여 아이가 놀이에 익숙해지도록 합니다.

3 **도전 단계:** 놀이에 익숙해지면 상자와 훌라후프의 크기 및 높이를 다양하게 조절하여 난이도를 높입니다. 공과 골대 간의 거리를 점차 늘려 가며 도전합니다.

아빠의 kick!

처음에는 큰 상자나 훌라후프와 가까운 거리에서 공을 던져 넣는 연습을 통해 아이가 놀이에 익숙해지도록 도와주세요. 점차 골대의 크기와 높이를 다양하게 조절하고, 공을 던지는 거리를 늘려 가며 난이도를 높입니다. 다양한 변형을 시도하여 놀이의 흥미를 유지하고, 아이의 집중력과 신체 조절 능력을 최대한 끌어올릴 수 있도록 합니다.

비닐봉투 배구

#민첩성 #순발력 #타이밍 예측력 #동체시력 #신체 협응력 #움직임 조절력 #방향 전환력

비닐봉투 배구는 집에 흔히 있는 비닐봉투를 활용해 즐길 수 있는 간단하고 재미있는 놀이입니다. 좁은 공간에서도 충분히 가능하며, 아이와 아빠가 함께 시간을 보낼 수 있는 활동입니다. 비닐봉투를 공처럼 사용하여 배구를 즐기며 집중력과 신체 조절 능력을 향상시킬 수 있습니다. 또한 놀이를 통해 유대감을 강화하고 실내에서도 활발한 신체 활동을 즐길 수 있습니다.

놀이 도구 비닐봉투

놀이 소개

비닐봉투를 공처럼 사용하여 배구를 하며 좁은 공간에서도 충분히 놀이를 즐길 수 있습니다. 이 놀이는 아이의 집중력과 신체 조절 능력을 기르고, 아빠와 함께하는 시간을 통해 유대감을 형성하는 데 효과적입니다.

중급 놀이 발달 놀이

🐌 놀이 방법

1 준비 단계: 비닐봉투를 준비하고 놀이할 공간을 확보합니다. 주변에 깨지기 쉬운 물건이 없도록 정리합니다.

2 적응 단계: 아빠와 아이는 비닐봉투를 공처럼 사용하여 배구를 시작합니다. 처음에는 가까운 거리에서 비닐봉투를 서로 주고받으며 놀이에 익숙해지도록 합니다.

3 도전 단계: 놀이에 익숙해지면 비닐봉투를 주고 받는 거리를 점차 늘리고, 다양한 방향으로 비닐봉투를 던져 반응 속도를 테스트합니다. 또한 비닐봉투를 여러 개 사용하여 난이도를 높일 수 있습니다.

아빠의 kick!

처음에는 간단한 주고받기 연습을 통해 아이가 놀이에 익숙해지도록 도와주세요. 점차 거리를 늘리고, 다양한 방향으로 비닐봉투를 던져 반응 속도를 테스트하며 난이도를 조절합니다. 여러 개의 비닐봉투를 사용하여 더욱 흥미롭고 도전적인 놀이로 변형할 수 있습니다. 또한 주고받는 랠리가 아닌 한 번씩 번갈아 비닐봉투를 치며 10회, 20회 땅에 떨어뜨리지 않고 치기 놀이로 변형해 협동심을 키워 줄 수도 있습니다.

병뚜껑 알까기

#거리 지각력 #눈-손 협응력 #미세 근력 조절 #전략적 사고력 #소근육 발달

병뚜껑 알까기는 테이블의 양쪽 끝에 다 마신 음료수병의 뚜껑을 배치하고, 손가락으로 튕겨 상대편 병뚜껑을 모두 테이블에서 떨어뜨리는 놀이입니다. 이 놀이는 아이의 손가락 힘과 신체 조절 능력을 기르며, 집중력과 반사 신경을 향상시키는 데 효과적입니다. 다양한 전략을 시도해 병뚜껑을 튕기는 재미를 더해 줍니다.

 놀이 도구 음료수 병뚜껑 10개(양쪽에 각각 5개씩)

놀이 소개

병뚜껑 알까기는 테이블의 양쪽 끝에 배치된 병뚜껑을 손가락으로 튕겨 상대편의 병뚜껑을 모두 떨어뜨리는 놀이입니다. 이 놀이는 아이의 손가락 힘과 집중력을 기르고, 반사 신경과 신체 조절 능력을 향상시키는 데 도움을 줍니다. 아빠와 함께 놀이를 통해 유대감을 형성하고, 실내에서도 즐겁게 신체 활동을 할 수 있습니다.

중급놀이 **발달 놀이**

놀이 방법

1 **준비 단계:** 테이블의 양쪽 끝에 각각 음료수 병뚜껑 5개를 배치합니다. 아빠와 아이가 서로 맞은편에 앉습니다.

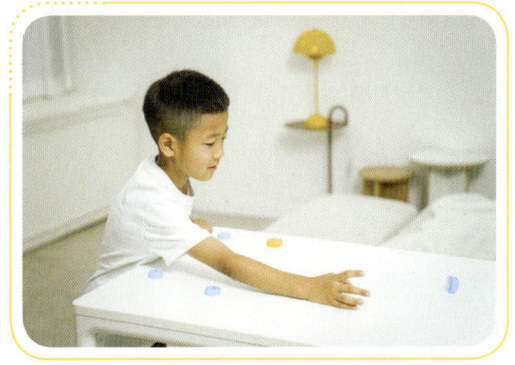

2 **적응 단계:** 병뚜껑을 손가락으로 튕겨 보는 연습을 합니다. 병뚜껑이 적절한 힘으로 튕겨지도록 손가락의 힘과 각도를 조절합니다.

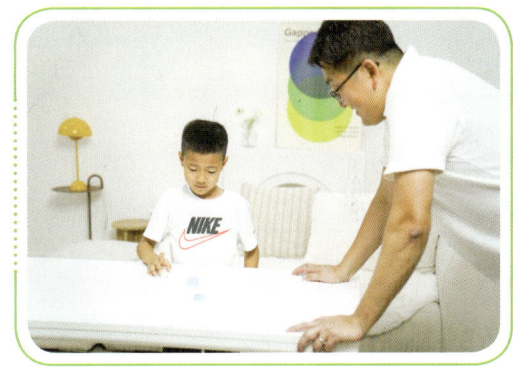

3 **도전 단계:** 놀이를 시작하여 상대편의 병뚜껑을 모두 테이블에서 떨어뜨리는 사람이 승리합니다. 순서를 번갈아가며 병뚜껑을 튕기고, 전략을 세워 상대의 병뚜껑을 정확하게 맞춥니다.

 **아빠의 kick!**

처음에는 간단한 튕기기 연습을 통해 아이가 놀이에 익숙해지도록 도와주세요. 병뚜껑의 배치 거리를 조절하여 난이도를 높입니다. 음료수병 뚜껑, 우유병 뚜껑 등 다양한 크기의 병뚜껑을 활용해 놀이를 즐길 수 있습니다. 테이블 끝에 종이컵을 배치하고 보유한 병뚜껑을 활용해 누가 먼저 종이컵을 테이블 아래로 떨어뜨리는지와 같은 놀이로도 변형이 가능합니다. 은근 시간 가는 줄 모르고, 여행을 가서도 쉽고 재미있게 온 가족이 함께 할 수 있는 놀이입니다.

책 허들

#점프력 #거리 조절력 #신체 균형감 #운동 계획력 #리듬감 #하체 근력 #동작 조절력

책 허들 놀이는 집에 있는 다양한 크기와 높이의 책들을 활용해 허들처럼 넘으며 아이들의 신체 발달과 키 성장을 돕는 놀이입니다. 이 놀이는 아이의 점프력을 키우고 신체 조절 능력을 향상시키는 데 매우 효과적입니다. 허들을 넘는 과정에서 전신 운동이 자연스럽게 이루어지며, 특히 다리 근육과 발목의 힘이 강화됩니다. 책의 배치와 높이에 따라 점프 동작이 달라지기 때문에 아이는 균형 감각과 신체 조절 능력을 함께 발달시킬 수 있습니다.

놀이 도구
다양한 크기와 두께의 책

놀이 소개
책 허들 놀이는 책을 허들처럼 세워 놓고 아이가 점프해서 넘는 놀이입니다. 이 놀이는 아이의 점프력과 균형 감각을 발달시키며, 신체 조절 능력을 향상시키는 데 효과적입니다.

중급 놀이 **발달 놀이**

🐌 놀이 방법

1 **준비 단계:** 아빠와 함께 책을 펼쳐 세워 허들을 만듭니다. 처음에는 한 권씩 책을 세워서 아이가 쉽게 넘을 수 있도록 준비합니다. 책의 크기와 높이를 다양하게 조절하여 아이가 도전할 수 있도록 합니다.

2 **적응 단계:** 아이는 출발선에 서서 두 발을 모아 첫 번째 허들을 점프해 넘습니다. 점프할 때는 발이 책에 닿지 않도록 주의합니다. 이후 양발을 벌려 점프하거나 다양한 점프 동작을 시도하면서 균형을 유지하며 허들을 넘는 연습을 합니다.

3 **도전 단계:** 허들의 난이도를 높이기 위해 한 권의 책을 넘는 것에서 시작해 점차 두 권, 세 권을 한 번에 넘는 도전으로 이어 갑니다. 책의 길이가 길어질수록 더 높은 점프가 필요해지며, 아이의 점프력이 향상됩니다. 또한 책을 다양한 순서로 배치해 매번 새로운 도전에 직면하게 함으로써 놀이의 흥미를 지속시킵니다.

 **아빠의 kick!**

이 놀이는 실내에서 쉽게 즐길 수 있으며, 아이의 운동 능력과 자신감을 함께 키울 수 있는 훌륭한 활동입니다. 다양한 높이와 배치의 허들을 넘으며 아이는 매번 새로운 도전에 흥미를 느끼고, 신체적 능력을 자연스럽게 향상시킬 수 있습니다.

★ **다양한 점프 동작 시도:** 기본적인 두 발 점프 외에도, 한 발로 점프하거나 양발을 벌려 점프하는 등 다양한 동작을 추가해 보세요. 이로 인해 아이는 균형을 더 잘 잡으며 도전에 성공할 수 있습니다.

스피드 컵 정리 놀이

#손의 민첩성 #순차적 처리력 #작업 기억력 #문제 해결력 #집중력 #시각-운동 통합 #양손 협응력

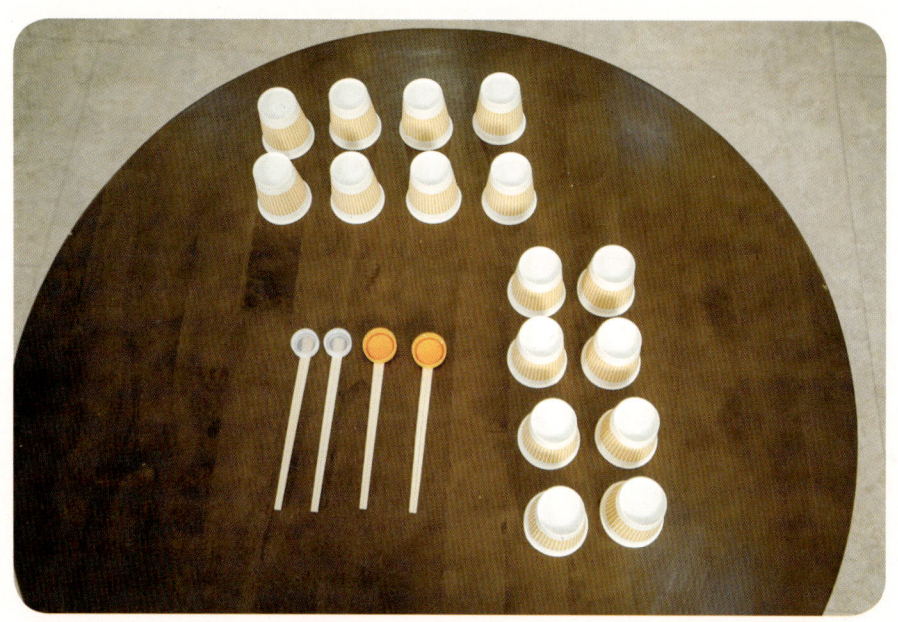

스피드 컵 정리 놀이는 나무젓가락과 음료수 병뚜껑을 사용해 손 대신 라켓을 들고 컵을 쌓아 가는 놀이입니다. 이 놀이를 통해 아이는 순간 판단력과 집중력을 기르고, 손과 팔의 소근육 발달을 촉진할 수 있습니다. 또한 다양한 크기의 컵을 빠르게 쌓아 가는 과정에서 문제 해결 능력과 다양한 컵들 사이 순서와 위치를 판단함으로써 순간 판단력을 함께 배울 수 있습니다. 빠르게 컵을 쌓고 경쟁하는 과정에서 아이는 성취감을 느끼고 놀이의 도전 요소를 즐길 수 있습니다.

놀이 도구
나무젓가락, 음료수 병뚜껑, 다양한 크기의 컵(종이컵, 플라스틱 컵 등)

놀이 소개
스피드 컵 정리 놀이는 나무젓가락 끝에 병뚜껑을 부착해 만든 라켓을 사용하여 컵을 빠르고 정확하게 쌓아 가는 놀이입니다. 손과 팔의 소근육 발달과 함께 순간적인 판단력과 집중력을 기를 수 있는 도전적인 활동입니다.

중급놀이 발달 놀이

🐌 놀이 방법

1 준비 단계: 아빠와 아이는 나무젓가락에 병뚜껑을 부착한 라켓을 들고 준비된 컵을 차례로 쌓을 준비를 합니다. 양손에 라켓을 들고 컵을 잡아 옮길 수 있도록 설정합니다.

2 적응 단계: 첫 단계로, 컵을 하나씩 쌓아 높은 탑을 만드는 연습을 합니다. 컵이 무너지지 않도록 신중하게 옮기고 빠르게 쌓는 것이 목표입니다.

3 도전 단계: 놀이에 익숙해지면, 크기가 다른 컵을 사용해 난이도를 높여 작은 컵부터 쌓기 또는 다양한 색깔의 컵을 활용해 색의 순서를 기억해 순서대로 쌓기 등 다양한 형태로 놀이 변형이 가능합니다. 이 과정에서 아이는 더욱 신중한 판단과 집중력을 발휘해야 합니다.

아빠의 kick!

★ **처음에는 속도보다는 정확성을 강조:** 처음에는 천천히 진행하며 컵을 쌓는 데 집중하게 하세요. 아이가 점차 익숙해지면 속도와 경쟁 요소를 추가해 재미를 더할 수 있습니다.

★ **다양한 컵 크기 사용:** 큰 컵과 작은 컵을 섞어 가며 쌓는 순서와 균형을 생각하게 하는 놀이로의 변형이 가능합니다. 또한 컵을 누가누가 더 높이 쌓는지와 같은 놀이로 다양한 응용이 가능하며 이러한 변형 놀이를 통해 재미와 난이도를 동시에 높여 줄 수 있습니다.

공 퍼즐 빙고

#시각적 패턴 인식력 #논리적 사고력 #공간 지각력 #순차적 처리 능력 #소근육 조절력 #집중력

공 퍼즐 빙고는 종이컵과 컬러 공을 활용해 아이의 문제 해결 능력과 집중력을 향상시키는 놀이입니다. 아이는 공을 한 칸씩 이동시키며 같은 색깔의 공을 한 줄로 맞추는 과정을 통해 전략적 사고를 기르고, 퍼즐을 해결하는 재미를 느낍니다. 이 놀이는 손과 눈의 협응력 발달과 함께 창의적인 사고를 유도하는 데 효과적입니다.

놀이 도구 종이컵 12개, 컬러 공(빨강, 파랑, 노랑 등)

놀이 소개
공 퍼즐 빙고는 종이컵 위에 랜덤으로 배치된 컬러 공을 한 칸씩 이동시켜 같은 색의 공을 한 줄로 맞추는 놀이입니다. 가로, 세로, 대각선 방향으로 공을 맞추는 것이 목표이며, 다양한 난이도를 적용해 집중력과 문제 해결 능력을 동시에 기를 수 있는 활동입니다.

중급놀이 발달 놀이

🐌 놀이 방법

1 준비 단계: 종이컵 12개를 4줄로 나열하고 컵 위에 빨강, 파랑, 노랑 공을 랜덤하게 배치합니다. 한 컵은 빈 상태로 놔둬 공을 이동시킬 수 있는 공간을 만듭니다.

2 적응 단계: 아이는 빈 칸을 활용해 공을 한 칸씩 이동시키며 같은 색의 공을 가로, 세로로 맞추는 연습을 합니다.

3 도전 단계: 놀이에 익숙해지면 컵과 공의 개수를 늘리거나 다른 색 공을 추가해 난이도를 높입니다. 더 많은 컵과 공으로 퍼즐을 맞추는 과정에서 아이의 전략적 사고가 발전합니다.

 아빠의 kick!

★ **집중력과 계획성 향상:** 한 번의 이동으로 다음 단계를 미리 고려해야 하기 때문에 아이는 집중력을 발휘하고 계획적으로 생각하게 됩니다.
★ **경쟁을 통해 집중력 향상:** 아빠와 아이가 같은 세팅에서 경쟁하면 아이는 더욱 집중하게 됩니다. 승리했을 때의 성취감도 커져 놀이의 재미가 배가됩니다.
★ **시간제한 도입:** 놀이에 익숙해졌다면 시간제한을 두고 도전해 보세요. 이를 통해 아이는 더 빠르게 생각하고 전략을 세우는 능력을 기를 수 있습니다.

풍선 시한폭탄

#운동 예측력 #반응 속도 #눈-손 협응력 #공간 지각력 #집중력 #전략적 사고

풍선 시한폭탄 놀이는 풍선과 작은 공을 활용한 긴장감 넘치는 놀이로, 풍선이 바닥에 떨어지기 전에 아이가 공을 빠르게 바구니에 옮겨야 하는 도전적인 활동입니다. 이 놀이를 통해 아이는 반사 신경과 신체 조절 능력을 발달시키고, 순간적인 판단력과 집중력을 키울 수 있습니다. 풍선을 계속 쳐 올려 시간을 확보하는 과정에서 손과 눈의 협응력도 향상됩니다.

 놀이 도구 큰 풍선 1개, 작은 공 10개, 종이컵, 바구니 1개

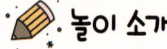 **놀이 소개**

풍선 시한폭탄 놀이는 풍선을 하늘로 쳐 올려 시간을 벌면서 바구니에 공을 빠르게 옮겨 담는 놀이입니다. 풍선이 바닥에 떨어지기 전에 더 많은 공을 바구니에 옮겨야 하며, 풍선이 바닥에 닿으면 놀이가 종료됩니다.

중급놀이 **발달 놀이**

🐌 놀이 방법

1 준비 단계: 바닥에 종이컵을 놓고 그 위에 작은 공들을 배치합니다. 공을 담을 바구니도 함께 준비합니다. 처음에는 풍선을 치지 않고 공을 하나하나 정확하게 집어 바구니에 넣는 연습을 합니다.

2 적응 단계: 아빠가 풍선을 하늘로 쳐 올리면 아이는 빠르게 공을 하나씩 바구니에 옮깁니다. 풍선이 바닥에 떨어지기 전에 다시 하늘로 올리면서 두 번째 공을 옮기는 연습을 합니다.

3 도전 단계: 이제 아이가 풍선을 쳐 올리고 떨어지기 전 공을 옮겨 담을 수 있게 합니다. 아빠는 옆에서 보조자 역할을 하며 놀이를 완주할 수 있도록 돕습니다.

아빠의 kick!

공을 더 먼 곳이나 어려운 위치에 배치해 아이가 더 많은 도전을 할 수 있도록 설정해 보세요. 멀리 있는 공을 가져오려면 더 빠르고 정확한 움직임이 필요합니다. 일정 시간 안에 최대한 많은 공을 옮기는 도전 모드를 추가해 놀이의 흥미를 높여 주세요. 시간이 지날수록 풍선이 바닥에 닿기 전까지의 긴장감이 극대화되며, 아이의 도전 의식도 커집니다.

비치볼 로켓_중급

#동작 협응력 #거리 지각력 #신체 전환력 #리듬감 #공간 지각력 #자세 변환력 #순발력

비치볼 로켓 놀이는 비치볼과 종이컵을 활용하여 신체의 다양한 부위를 사용해 '컵 로켓'을 발사하는 놀이입니다. 아이의 연령에 따라 손바닥으로 치기 > 발바닥으로 치기 > 무릎으로 치기와 같이 다양한 신체를 활용해 놀이의 변형이 가능합니다. 힘 조절을 통해 내가 컵을 보내고자 하는 위치까지의 거리 감각이 생기면 아빠와 함께 2인 1조로 공격과 수비의 포지션을 정하고 수비자가 컵을 받지 못하도록 공격자는 최대한 다양한 위치로 컵을 날려보냅니다.

놀이 도구 비치볼(공기 2/3 정도), 종이컵, 바구니

놀이 소개

비치볼 로켓 놀이는 비치볼 위에 종이컵을 놓고 손이나 무릎, 발을 이용해 힘껏 쳐서 컵을 멀리 발사하는 놀이입니다. 이 놀이는 손과 눈의 협응력과 신체 조절 능력을 발달시키는 데 매우 효과적이며, 실내·외에서 쉽게 즐길 수 있습니다.

🐌 놀이 방법

1 **준비 단계:** 비치볼에 공기를 2/3 정도 넣고 바구니를 준비합니다. 종이컵은 비치볼 위에 놓고, 아이는 무릎이나 손바닥으로 컵을 쳐서 발사할 준비를 합니다.

2 **적응 단계:** 공격자와 수비자를 정해 공격자는 최대한 다양한 거리와 방향으로 컵을 발사하고, 수비자는 최대한 컵을 많이 받아 내야 합니다. 공격과 수비의 성공 횟수를 카운트하여 승리자를 결정합니다.

3 **도전 단계:** 종이컵으로 놀이가 익숙해지면 양말 뭉치, 작은 공 등 무게나 크기를 달리합니다. 발사 속도와 방향이 달라지므로 도전 요소가 추가됩니다.

아빠의 kick!

★ **타이머를 사용한 도전:** 일정 시간 안에 가장 멀리, 가장 많이 컵을 발사하는 경쟁 방식으로 놀이를 변형하면 더욱 스릴 넘치는 도전을 할 수 있습니다. 컵을 띄워 주면 타이밍에 맞춰 탁구 라켓으로 쳐 내는 야구 놀이로의 변형도 가능합니다.

거미줄에 대롱대롱_공 대포 놀이

#집중력 #공간 지각력 #눈-손 협응력 #거리 조절력 #과제 수행력 #인내심

거미줄에 대롱대롱 공 대포 놀이는 간단한 재료로 창의적이고 도전적인 놀이를 만들어 아이의 신체 발달과 집중력을 향상시킵니다. 아빠와 아이가 함께 공 대포로 공을 발사하여 거미줄 모양으로 테이프를 붙인 훌라후프에 공을 붙이는 활동으로, 손과 눈의 협응력과 문제 해결 능력을 동시에 기를 수 있습니다. 공을 발사하면서 힘과 각도를 조절해야 하기 때문에 신체 조절 능력도 함께 발달합니다. 집에 있는 재활용품들을 활용해 아빠의 솜씨가 더해지면 거미줄에 대롱대롱 놀이는 더욱 흥미진진하게 변합니다. 페트병 3개를 묶어서 지지대를 만들어 주고 기다란 판자나 나무 스틱 위에 컵을 연결해 부착한 다음 대포를 만들어 줍니다.

놀이 도구 훌라후프, 접착테이프, 작은 공, 공 대포(페트병 3개, 긴 판자 또는 나무 스틱, 종이컵, 고무줄, 고정용 테이프)

놀이 소개

공 대포를 활용해 공을 던져 훌라후프에 붙인 거미줄에 맞추는 놀이입니다. 공을 정확하게 붙이기 위해 각도와 힘을 조절하는 과정에서 아이는 집중력과 눈-손 협응력을 기르게 됩니다. 점수 경쟁과 난이도 조절을 통해 재미를 더할 수 있으며, 협력과 경쟁을 동시에 경험할 수 있는 활동입니다.

> 중급 놀이　발달 놀이

🐌 놀이 방법

1 **준비 단계:** 아빠와 아이가 함께 훌라후프에 테이프를 여러 방향으로 붙여 거미줄 모양을 만듭니다. 이때 페트병으로 공 대포를 고정할 지지대를 만들고, 긴 판자나 나무 스틱을 활용해 종이컵을 대포처럼 사용할 수 있도록 준비합니다.

2 **적응 단계:** 아빠와 아이는 가까운 거리(1m)에서 공 대포를 사용해 공을 훌라후프의 거미줄에 던져 붙이는 연습을 합니다. 처음에는 힘 조절에 집중하면서 공이 떨어지지 않도록 발사하는 것에 초점을 맞춥니다.

3 **도전 단계:** 거리를 2m, 3m로 늘리면서 더 먼 거리에서 공을 정확하게 발사하여 붙이는 도전을 시작합니다. 공의 크기와 무게를 다르게 하거나 팀별로 경쟁을 통해 점수를 내는 방식으로 놀이를 확장할 수 있습니다.

아빠의 kick!

공을 던질 때 공의 무게를 조절하거나 공 대포 발사 위치를 높게 또는 낮게 설정하여 난이도를 추가해 보세요. 또한, 거미줄의 크기나 모양을 다르게 만들어 새로운 도전을 제공할 수 있습니다.

선 따라 공 옮기기_심화

#양손 협응력 #시각적 주의력 #다중 과제 수행력 #운동 계획력 #공간 지각력 #집중력

선 따라 공 옮기기 놀이는 마스킹 테이프와 동그란 공을 활용해 양손 협응력을 극대화하는 심화 과정의 놀이입니다. 앞선 초급 과정인 선 따라 컵 옮기기보다 난이도가 높아져, 아이는 공을 더욱 섬세하게 조절하며 손과 눈의 협응력을 발달시킬 수 있습니다. 공을 컨트롤하는 과정에서 집중력과 손의 정밀한 조작 능력을 기르며, 다양한 도형을 활용해 아이의 공간 인식 능력을 향상시킵니다.

놀이 도구 마스킹 테이프, 동그란 공 2개

놀이 소개
선 따라 공 옮기기 놀이는 마스킹 테이프로 테이블 위에 도형을 그린 후, 양손에 공을 들고 선을 따라 이동시키는 심화 과정의 놀이입니다. 양손에 각각 공을 들고 서로 다른 방향으로 공을 동시에 움직이는 것은 난이도가 높아 손 조절 능력과 집중력을 크게 향상시킬 수 있습니다.

🐌 **놀이 방법**

1 **준비 단계:** 테이블 위에 마스킹 테이프로 삼각형과 사각형 등 다양한 도형을 만들어 각각의 시작점을 정합니다. 아이는 양손에 각각 공을 들고 시작 지점에서 준비합니다.

2 **적응 단계:** 왼손과 오른손으로 각각의 도형을 따라 시계 방향으로 공을 이동시키며, 한 바퀴를 돌아 시작 지점으로 동시에 도착하도록 연습합니다. 공은 둥글기 때문에 종이컵보다 더 많이 움직이므로 손의 섬세한 조작이 필요합니다.

3 **도전 단계:** 도형의 크기를 작게 만들어 난이도를 높이고, 삼각형과 사각형 등 서로 다른 모양의 도형을 동시에 따라가며 공을 옮깁니다. 또한 마스킹 테이프로 더욱 복잡한 모양을 만들고, 공이 선 밖으로 벗어나지 않도록 조절하며 진행합니다.

 **아빠의 kick!**

아이가 공을 정확하게 이동시키도록 천천히 시작한 후 속도를 점차 올려 도전합니다. 일정 시간 안에 몇 바퀴를 돌 수 있는지 기록해 보는 것도 좋은 방법입니다. 삼각형, 사각형 외에도 다양한 복잡한 도형을 만들어 선을 따라 공을 옮기도록 도전해 봅니다. 예를 들어, 별 모양이나 구불구불한 선을 만들어 아이가 더욱 섬세하게 공을 조절할 수 있게 유도합니다.

숫자 컵 탑 쌓기

#작업 기억력 #순차적 처리력 #시각적 패턴 인식 #손의 정교성 #집중력 #수리력 #문제 해결력

숫자 컵 탑 쌓기는 숫자가 적힌 종이컵을 사용해 아빠가 제시하는 숫자 탑을 기억하고 재현하는 놀이입니다. 아이들은 숫자와 위치를 기억하고 컵을 쌓으며 기억력과 집중력을 발달시킬 수 있습니다. 이 놀이는 단계별로 난이도를 조절할 수 있으며, 단순한 숫자 배열부터 복잡한 탑 구조까지 도전하면서 문제 해결 능력도 함께 키울 수 있습니다. 짧은 시간 내에 숫자를 기억하고 정확하게 배열해야 하므로, 아이는 집중력을 기르며 주의 깊게 생각하는 능력을 키울 수 있습니다.

놀이 도구
흰 종이(숫자 탑 그림을 그릴 용도), 숫자를 적은 종이컵

놀이 소개
숫자 컵 탑 쌓기는 아빠가 제시하는 숫자와 배열을 아이가 기억하고, 숫자 종이컵을 사용해 탑을 쌓는 놀이입니다. 낮은 층수에서 시작하여 점차 높은 탑을 쌓는 방식으로 난이도를 높일 수 있으며, 속도와 정확성을 겨루는 방식으로 놀이를 확장할 수 있습니다. 이 과정에서 아이들은 기억력, 집중력, 그리고 손의 협응력을 발달시킵니다.

놀이 방법

1 준비 단계: 흰 종이에 1부터 10까지 숫자를 사용해 2층, 3층, 4층 등 다양한 높이와 형태의 숫자 탑 구조를 그립니다. 종이컵 측면에는 숫자를 기입해 둡니다. 각 숫자를 잘 보이게 적어 아이들이 쉽게 알아볼 수 있도록 합니다.

2 적응 단계: 아빠가 선택한 숫자 탑 그림을 아이에게 보여 줍니다. 처음에는 간단한 2층 숫자 탑으로 시작합니다. 아이는 그림을 보고 숫자와 배열을 기억합니다. 아이는 기억한 대로 종이컵을 사용해 숫자 탑을 쌓습니다. 층마다 적힌 숫자와 순서를 정확히 맞춰야 합니다. 처음에는 시간을 충분히 주어 기억하고 쌓는 연습을 진행합니다.

3 도전 단계: 숫자 탑의 층수를 3층, 4층으로 늘리고, 종이컵의 개수도 늘려 더 많은 숫자와 복잡한 배열을 기억해야 하도록 합니다. 이때 그림을 보여 주는 시간을 짧게 하여 아이가 짧은 시간 안에 숫자를 기억하고 쌓도록 도전합니다.

아빠의 kick!

가족이 팀을 이루어 릴레이 형식으로 숫자 탑을 쌓는 방식으로 진행할 수 있습니다. 한 명이 한 층을 쌓고 다음 사람이 이어 쌓아 최종 탑을 완성하는 방식의 팀전으로 놀이를 변형할 수 있습니다.

03 도전 놀이

고급 놀이 — 7세 이상 대상

> **놀이 특징**

난이도와 접근성에서 이 놀이들은 챕터 1, 2의 발달을 기반으로 한층 더 진보된 형태로 구성하였습니다. 일상적 도구들을 더욱 복합적이고 창의적으로 활용하며, 여러 가지 동작과 사고가 동시에 요구되는 다중 과제 수행이 특징입니다. 특히 7세 이상 아이들의 발달된 운동 능력과 높은 수준의 인지 발달을 고려한 난이도로 설계하였습니다.

운동 발달 측면에서는 정교한 운동 수행 능력이 핵심이 됩니다. 단순한 동작의 연속성을 넘어 복합적인 운동 기술이 요구되며, 도구를 활용한 고차원적인 조작이 필요합니다. 특히 정밀한 타이밍 조절, 복합적 공간 지각력, 고도의 신체 협응력 등이 통합적으로 요구되어 전문적인 수준의 운동 발달을 촉진합니다.

신체 발달 측면에서는 전략적 사고와 신체 움직임의 완벽한 조화가 강조됩니다. 다양한 변수를 동시에 고려하는 고차원적 판단력이 요구되며, 미세 근육 조절, 정교한 손가락 동작, 전신의 유기적 협응 등이 최고 수준으로 발달합니다. 이러한 활동들은 전문적인 운동 기술과 높은 수준의 인지 능력을 동시에 요구하는 특징이 있습니다.

이 고급 놀이들의 가장 큰 특징은 문제 해결력과 창의적 도전입니다. 중급보다 한층 높아진 난이도는 더 많은 시행착오와 끈기를 요구하지만, 그만큼 성공 시의 성취감과 자신감 향상 효과가 큽니다. 또한 놀이 과정에서 전략적 사고, 창의적 문제 해결, 논리적 분석력 등 고차원적 인지 능력의 발달이 자연스럽게 이루어집니다. 이러한 특성들이 결합되어 아이의 신체적·인지적 발달을 최상의 수준으로 끌어올리는 동시에, 아빠와의 협력적 상호작용을 통해 도전과 성취의 즐거움을 함께 경험할 수 있는 전문적인 발달 놀이 프로그램으로 완성되었습니다.

컵 저글링: 점점 낮게 점점 높게

#양손 독립성 #고차원 협응력 #복합 리듬감 #순차적 기억력 #운동 계획력 #민첩성 #순발력

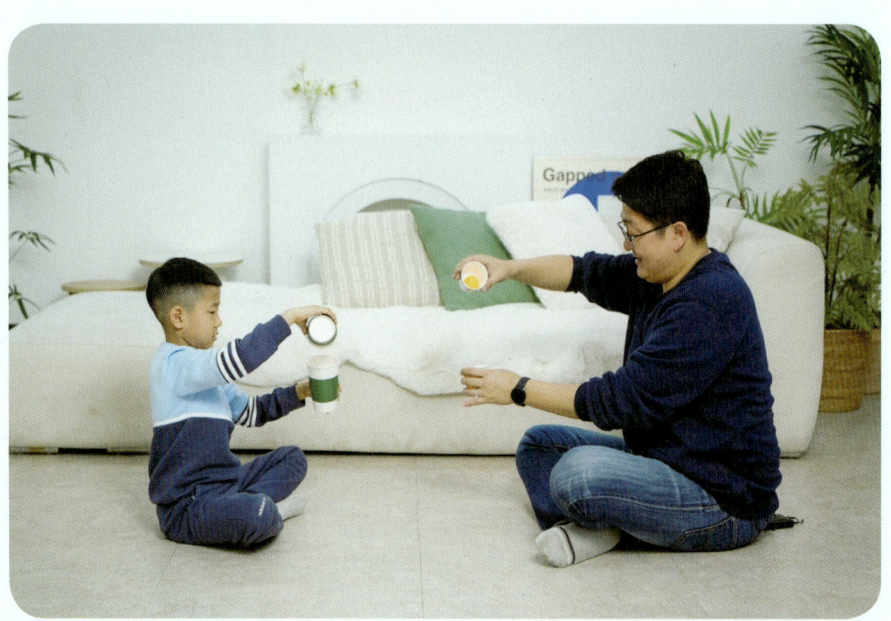

아이들이 종이컵 2개를 양손에 든 채 탁구공을 떨어뜨리지 않고 컵과 컵 사이를 옮기며 받는 놀이입니다. 이 놀이를 통해 아이들은 집중력을 높일 수 있으며, 컵의 높이를 다양하게 조절하여 공을 받는 기술을 연습하게 됩니다. 높이를 바꿔 가며 떨어지는 공에 대한 대비와 순발력을 키울 수 있습니다. 컵 저글링은 아이들의 손과 눈의 협응력을 강화하고 공간 인지력을 발달시키며, 동시에 놀이를 통한 성취감을 느끼게 해 주는 훌륭한 감각운동통합놀이입니다. 이 놀이를 통해 아이들은 놀이의 재미를 느끼면서도 중요한 운동 능력을 향상시킬 수 있습니다.

 놀이 도구 다양한 크기의 종이컵 2개, 탁구공

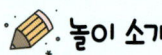 **놀이 소개**
컵 저글링은 아이들이 2개의 종이컵을 사용해 탁구공을 떨어뜨리지 않고 옮기는 놀이입니다. 이 놀이는 아이들의 집중력과 눈-손 협응력을 강화시키고, 공을 받는 기술을 연습하게 하여 공간 인지력과 순발력을 기를 수 있습니다.

고급 놀이   도전 놀이

🐌 놀이 방법

1 **준비 단계:** 아빠와 아이가 마주보며 양손에 종이컵을 들고 가장 낮은 위치부터 시작해 공을 떨어뜨리지 않고 공을 컵에서 컵으로 옮깁니다.

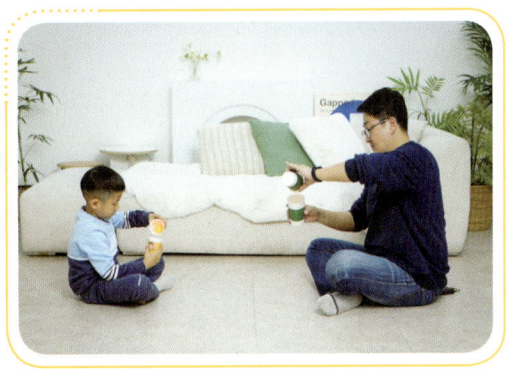

2 **적응 단계:** 아빠의 사인에 맞춰 점점 컵과 컵의 간격을 높여 갑니다.

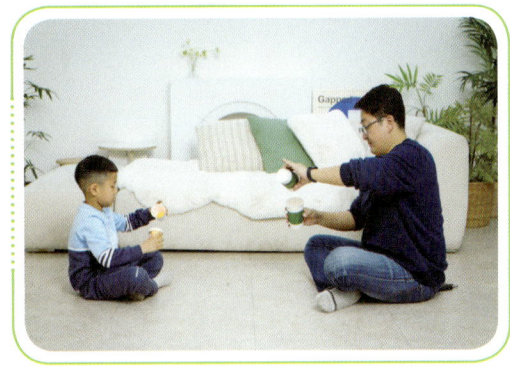

3 **도전 단계:** 컵의 높이를 가장 높은 곳까지 위치시키고 공을 위·아래로 이동합니다. 움직임과 타이밍을 자연스럽게 익히게 됩니다.

 아빠의 kick!

놀이가 익숙해지면 콩과 같이 작은 크기의 물체를 이용해 점차 난이도를 높여 봅니다. 이때 콩의 개수를 2개, 3개 늘려 집중력을 높이는 효과를 기대할 수 있고, 익숙해지면 제한 시간을 두고 일정 시간 안에 몇 번의 공과 콩을 성공적으로 옮기는지 경기를 하며 놀이의 흥미를 더할 수 있습니다.

바운딩 캐치볼

#민첩성 #신체 협응력 #복합 예측력 #예측적 사고력 #집중력 #반응 속도

바운딩 캐치볼은 아빠와 아이가 마주보고 하는 놀이입니다. 아이는 컵을 들고, 아빠는 공을 떨어뜨리며 시작합니다. 아이는 공을 집중해서 보고 있다가 컵으로 받아 냅니다. 이 놀이를 통해 아이들은 시각적 집중력과 눈-손 협응력을 키울 수 있습니다. 놀이가 익숙해지면 원 바운드, 투 바운드 등 바운드 횟수를 다르게 잡는 방식으로 변형할 수 있습니다. 바운딩 캐치볼은 아이들의 반사 신경과 순발력을 강화하고, 공간 인지력 및 집중력을 향상시키는 데 도움이 됩니다. 또한, 아빠와 함께하는 시간을 통해 신체적 발달뿐만 아니라 정서적 유대감도 깊어질 수 있습니다.

 놀이 도구 종이컵, 다양한 모양의 그릇, 탁구공 또는 작은 공

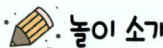 **놀이 소개**

바운딩 캐치볼은 아빠와 아이가 함께 마주보며 공을 떨어뜨리고 받는 놀이로, 아이의 집중력과 눈-손 협응력을 향상시키는 데 효과적입니다. 이 놀이를 통해 아이는 공의 움직임을 예측하고 빠르게 반응하는 능력을 키울 수 있습니다.

고급 놀이 도전 놀이

놀이 방법

1 **준비 단계:** 아이가 종이컵을 들고 준비합니다. 아빠는 공을 높이 들어 올린 후 떨어뜨립니다. 아이는 공이 바닥에 닿기 전에 컵으로 받아 냅니다.

2 **적응 단계:** 공의 바운드 횟수를 조절하며 난이도를 높입니다. 예를 들어, 원 바운드(한 번 튕긴 후 받기), 투 바운드(두 번 튕긴 후 받기) 등으로 변형해 진행합니다.

3 **도전 단계:** 이를 통해 아이의 순발력과 반사 신경을 더욱 강화할 수 있습니다.

아빠의 kick!

처음에는 단순히 공을 받아 내는 데 집중하게 하지만 놀이가 익숙해지면 다양한 변형을 통해 난이도를 높입니다. 예를 들어, 공의 크기나 무게를 바꿔 가며 놀이를 변형하거나, 아빠가 공을 떨어뜨리는 높이나 속도를 조절하여 다양한 도전을 제공합니다. 또한 제한 시간을 두고 몇 번의 공을 성공적으로 받아 내는지, 2개의 공을 1~2초 간격으로 떨어뜨리며 잡는 방식으로 변형할 수 있습니다.

풍선 레이스 & 멀리뛰기

#전략적 판단력 #거리 예측력 #문제 해결력 #집중력 #심폐 지구력 #민첩성

풍선 레이스 & 멀리뛰기는 풍선과 컵을 활용한 두 가지 재미있는 놀이입니다. 첫 번째는 풍선에 바람을 크게 불어넣고, 바닥에 놓인 컵을 한 번에 최대한 멀리 보내는 놀이입니다. 아이들은 풍선에서 나오는 바람의 양을 조절하며 컵을 멀리 보내기 위해 집중하고, 바람의 힘을 이용해 컵의 움직임을 예측하는 능력을 키울 수 있습니다. 두 번째는 출발점에서 결승점까지 풍선의 바람으로 컵을 빠르게 이동시키는 레이스 놀이입니다. 이 놀이는 풍선에서 나오는 바람을 적절하게 활용하여 컵을 앞으로 이동시키는 기술을 요구합니다. 아이들은 바람의 방향과 세기를 조절하면서 컵을 결승점에 가장 빨리 도착시키기 위해 노력합니다. 이 두 가지 놀이는 아이들의 집중력, 순발력, 그리고 예측 능력을 발달시키는 데 도움을 줍니다. 풍선을 불며 폐활량도 키울 수 있습니다.

놀이 도구
다양한 크기의 종이컵, 풍선

놀이 소개
풍선 레이스 & 멀리뛰기는 풍선을 불어 바람을 이용해 컵을 움직이는 놀이입니다. 첫 번째 놀이에서는 컵을 빠르게 결승점에 도착시키는 것을 목표로 하고, 두 번째 놀이에서는 컵을 최대한 멀리 보내는 것을 목표로 합니다.

놀이 방법

1 준비 단계: 아이와 아빠는 각자 풍선을 크게 불어 준비합니다. 컵을 바닥에 놓고 시작 신호를 기다립니다.

2 적응 단계: 출발점과 결승점을 정해 놓고, 풍선을 불어 바람의 힘으로 컵을 빠르게 결승점까지 이동시킵니다. 누가 더 빨리 결승점에 도착하는지 경기를 하며 즐깁니다.

3 도전 단계: 풍선에 바람을 넣은 후 풍선을 놓아 바람의 힘으로 컵을 최대한 멀리 보내 봅니다. 컵이 얼마나 멀리 갔는지 측정하고, 더 멀리 보내기 위해 바람의 양을 조절하며 반복합니다.

아빠의 kick!

처음에는 기본적인 규칙으로 시작하지만 점차 난이도를 높여 보세요. 예를 들어, 컵에 약간의 무게를 더해 바람의 힘을 더 많이 필요로 하게 하거나, 장애물을 놓아 컵이 장애물을 피하면서 이동하도록 할 수 있습니다. 또한 컵을 다양한 크기와 모양으로 바꾸어 놀이에 변화를 줄 수 있습니다. 아이가 점점 더 잘하게 되면, 풍선의 바람을 조절하는 기술과 컵의 움직임을 예측하는 능력이 크게 향상될 것입니다.

라켓 + 풍선 리프팅

#도구 활용력 #공간 지각력 #동작 전환력 #리듬감 #신체 제어력 #운동 지속성 #협응력

라켓을 활용해 풍선을 땅에 떨어뜨리지 않고 오래오래 튕기는 놀이입니다. 먼저 라켓의 넓은 면을 사용하여 풍선을 공중으로 튀어 오르게 하며 컨트롤하는 감각을 익힙니다. 이 과정에서 아이는 풍선의 높이와 방향, 그리고 속도를 조절하는 능력을 키울 수 있습니다. 놀이가 익숙해지면 다양한 변형을 시도할 수 있습니다. 예를 들어, 앞면으로 치다 앞뒷면을 번갈아가며 치기, 높이 튀어 오르게 한 뒤 한 바퀴 돌아 연결하여 풍선 치기 등으로 놀이를 확장할 수 있습니다. 이러한 변형들은 아이의 눈-손 협응력과 반사 신경을 더욱 향상시킵니다. 라켓 + 풍선 리프팅은 아이의 집중력과 순발력을 키우는 데 매우 효과적입니다. 또한 라켓의 사용을 통해 손의 힘과 조절 능력을 발달시키며, 신체 균형 감각을 향상시킬 수 있습니다. 아빠와 함께 하는 이 놀이 시간은 아이에게 즐거움과 성취감을 주며 가족 간의 유대감을 강화하는 데도 큰 도움이 됩니다. 놀이를 통해 아이는 자신감과 운동 능력을 동시에 키울 수 있습니다.

🎈 놀이 도구
다양한 넓이와 종류의 라켓, 풍선

✏️ 놀이 소개
라켓 + 풍선 리프팅은 라켓을 사용하여 풍선을 땅에 떨어뜨리지 않고 오래도록 튕기는 놀이입니다. 이 놀이는 아이의 눈-손 협응력, 반사 신경, 집중력, 순발력, 신체 균형 감각을 향상시키는 데 도움이 됩니다.

고급 놀이 | 도전 놀이

놀이 방법

1. **준비 단계:** 아이는 라켓의 넓은 면을 사용하여 풍선을 공중으로 튀기며 컨트롤하는 연습을 합니다. 풍선의 높이와 방향, 속도를 조절하는 능력을 키웁니다.

2. **적응 단계:** 앞면으로 치다 뒷면으로 치기, 높이 튀어 오르게 한 뒤 한 바퀴 돌아 풍선을 치기 등 다양한 변형을 시도합니다.

3. **도전 단계:** 아빠가 제시하는 다양한 동작과 순서를 따라가며 풍선을 튕깁니다. 예를 들어, "앞면-뒷면-앞면"과 같은 순서를 듣고 그에 맞춰 풍선을 튕기는 놀이를 통해 아이는 순발력과 집중력을 기르게 됩니다.

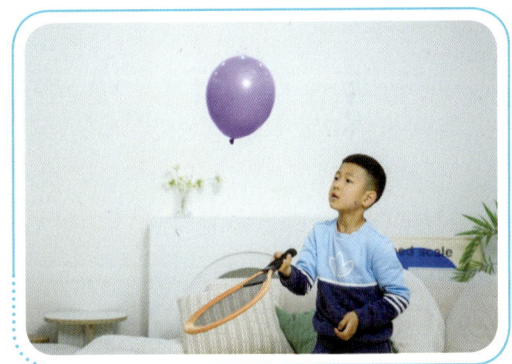

아빠의 kick!

처음에는 기본적인 풍선 튕기기를 통해 아이가 놀이에 익숙해지도록 하고, 점차 난이도를 높입니다. 예를 들어, 양손에 라켓을 한 번씩 번갈아가며 풍선을 치는 도전을 추가해 볼 수 있습니다. 아이가 점점 더 잘하게 되면 아빠는 풍선을 더 높이 던지거나, 라켓의 면적을 줄여서 난이도를 높일 수 있습니다. 이를 통해 아이는 눈-손 협응력과 반사 신경을 극대화할 수 있습니다. 이 모든 과정에서 아빠와 아이는 함께 시간을 보내며 소중한 유대감을 형성할 수 있습니다. 일정 구역을 한정하고 정해진 공간에서만 치기, 풍선의 크기를 크고, 작게 다양하게 만들어 치기 등이 있습니다.

풍선 레이스

#전신 협응력 #운동 계획력 #동적 균형감 #공간 예측력 #도약력 #속도 조절력 #운동 지속성

풍선을 땅에 떨어뜨리지 않고 정해진 구간(출발점~도착점)을 빠르게 통과하는 놀이입니다. 이 놀이는 풍선을 적정 높이로 유지하고 앞으로 나아가기 위한 컨트롤 능력을 요구합니다. 처음에는 완주를 목표로 하여 진행하되, 익숙해지면 다양한 변형 놀이를 시도할 수 있습니다. 예를 들어, 한 바퀴, 두 바퀴를 빠르게 통과하는 스피드 경주나, 1분 안에 가장 많은 횟수를 왕복하는 사람이 이기는 놀이로 변형이 가능합니다. 단독으로 하는 놀이에 익숙해지면, 이제 아빠와 함께 마주보고 정해진 구간을 무사히 통과해 보세요. 혼자서 하는 놀이보다 더 짜릿하고 집중도가 높아집니다. 이 과정에서 아이는 순발력과 균형 감각, 그리고 눈-손 협응력을 발달시킬 수 있습니다. 또한 아빠와 함께 하는 놀이를 통해 아이의 자신감을 키우고, 신체적 능력도 향상시켜 주는 훌륭한 놀이입니다.

놀이 도구
풍선

놀이 소개
풍선 레이스는 아빠와 아이가 풍선을 땅에 떨어뜨리지 않고 정해진 구간을 빠르게 통과하는 놀이입니다. 이 놀이는 아이의 눈-손 협응력, 순발력, 균형 감각을 향상시키고 즐거운 추억을 쌓는 데 도움이 됩니다.

 **놀이 방법**

1 **준비 단계:** 아이는 풍선을 적정 높이로 유지하며 출발점에서 도착점까지 이동합니다. 처음에는 완주를 목표로 하여 풍선을 땅에 떨어뜨리지 않고 이동하는 연습을 합니다.

2 **적응 단계:** 익숙해지면 다양한 변형 놀이를 시도합니다. 예를 들어, 한 바퀴, 두 바퀴를 빠르게 통과하는 스피드 경주나, 1분 안에 가장 많은 횟수를 왕복하는 놀이로 변형합니다.

3 **도전 단계:** 아빠와 함께 마주보고 정해진 구간을 통과합니다. 혼자서 하는 놀이보다 더 짜릿하고 집중도가 높아지며, 아빠와 함께 하는 과정을 통해 유대감을 강화합니다.

 **아빠의 kick!**

직선으로 움직이는 놀이에 익숙해지면 갈 때는 앞으로, 돌아올 때는 뒤로 이동을 하거나 삼각형, 네모 모양으로 출발점과 도착점의 형태를 변형하여 움직임의 방향을 다양하게 해 풍선을 치며 이동하는 형태로 놀이의 난이도를 높여 줍니다.

백업(스티로폼 막대) + 풍선 야구

#거리 지각력 #타이밍 조절력 #운동 제어력 #상황 판단력 #신체 협응력 #민첩성 #순발력

백업(스티로폼 막대)을 활용한 안전하고 재미있는 놀이입니다. 이 도구는 스트레칭부터 다양한 놀이까지 다용도로 활용할 수 있으며, 다른 스틱이나 라켓처럼 딱딱하지 않아 아이들과의 놀이에서 안전하게 사용할 수 있습니다. 풍선 놀이로 거리 감각과 방향 감각을 키운 뒤, 이제 백업(스티로폼 막대)으로 야구 놀이를 시작해 보세요. 놀이 방법은 간단합니다. 아빠가 풍선을 공중으로 띄워주면 아이는 풍선이 떨어지는 위치와 타이밍에 맞춰 백업(스티로폼 막대)으로 강력한 스윙을 합니다. 이 과정에서 아이는 손과 눈의 협응력, 타이밍, 그리고 반사 신경을 발달시킬 수 있습니다.

놀이 도구 백업(스티로폼 막대), 풍선

놀이 소개

풍선 야구는 아이가 신체 활동을 통해 스트레스를 해소하고 놀이의 성취감을 느낄 수 있도록 도와줍니다. 또한 가족이 함께 하는 활동을 통해 유대감을 강화하고, 즐거운 추억을 쌓을 수 있습니다. 백업(스티로폼 막대)을 활용한 야구 놀이는 아이의 운동 능력을 향상시키면서도 안전하게 즐길 수 있는 훌륭한 놀이입니다.

고급 놀이　도전 놀이

🐌 놀이 방법

1 **준비 단계:** 아빠와 아이는 백업(스티로폼 막대)과 풍선을 준비합니다. 본격적인 놀이를 하기 전 아이와 백업(스티로폼 막대) 줄다리기로 스트레칭도 하며 흥미도를 높여 줍니다.

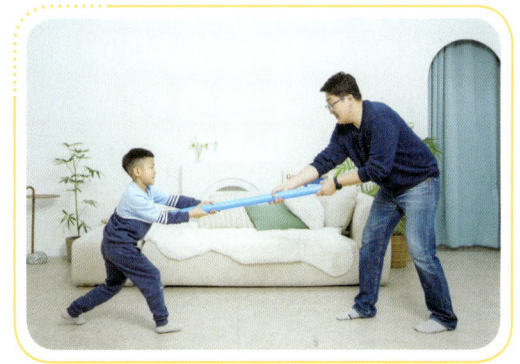

2 **적응 단계:** 아이는 풍선이 떨어지는 위치와 타이밍에 맞춰 백업(스티로폼 막대)으로 풍선을 치는 연습을 합니다. 눈-손 협응력과 타이밍을 익히도록 도와줍니다.

3 **도전 단계:** 점차 난이도를 높여 아빠가 풍선을 다양한 높이와 방향으로 띄워 주며 아이가 그에 맞춰 풍선을 치도록 합니다. 풍선을 치는 횟수나 정확성을 겨루는 놀이로 변형할 수 있습니다.

아빠의 kick!

처음에는 기본적인 풍선 치기를 통해 아이가 놀이에 익숙해지도록 하고 점차 난이도를 높입니다. 예를 들어, 풍선을 더 빠르게 띄우거나 방향을 다양하게 바꾸어 아이의 반사 신경과 타이밍을 극대화할 수 있습니다. 아빠가 백업(스티로폼 막대)으로 풍선을 쳐 주면 따라가 잡아내는 수비와 공격 놀이로의 변형을 통해 흥미를 높일 수 있습니다.

백업(스티로폼 막대) 시소

#협동 수행력 #도구 조작력 #공간 인식력 #의사소통 #문제 해결력 #동적 균형감 #민첩성

경쟁 게임이 아닌 아빠와 아이가 함께 즐기며 협동심을 키워 주는 놀이. 아빠와 아이가 서로 마주보고 백업(스티로폼 막대)과 풍선을 활용해 협동심을 키울 수 있는 놀이입니다. 먼저 시작은 높이차를 이용해 상대에게 가볍게 풍선을 보내는 놀이로 시작해 서로 풍선을 주고받습니다. 풍선이 바닥에 떨어지지 않도록 주의합니다. 풍선이 익숙해졌다면 좀 더 난이도를 높여 볼풀공이나 테니스공을 이용해 스피디한 랠리를 주고받을 수 있습니다. 이로써 손과 눈의 협응력을 높이고 풍선이나 공이 떨어지지 않도록 주의하면서 집중력을 기를 수 있습니다.

🎀 놀이 도구
백업(스티로폼 막대), 풍선, 볼풀공, 테니스공

✏️ 놀이 소개
백업(스티로폼 막대)과 풍선을 활용한 협동 놀이는 아빠와 아이가 마주보고 풍선을 주고받으며 협동심과 눈-손 협응력을 기르는 놀이입니다. 풍선에 익숙해지면 난이도를 높여 다양한 공으로 스피디한 랠리를 주고받을 수 있습니다.

고급 놀이 도전 놀이

 놀이 방법

1. **준비 단계:** 아빠와 아이가 서로 마주보고 서서 백업(스티로폼 막대)과 풍선을 준비합니다.

2. **적응 단계:** 가볍게 높이차를 이용해 서로 풍선을 주고받으며 풍선이 바닥에 떨어지지 않도록 주의합니다. 이 과정에서 손과 눈의 협응력을 기릅니다.

3. **도전 단계:** 풍선에 익숙해지면 볼풀공이나 테니스공을 이용해 스피디한 랠리를 주고받습니다. 공이 바닥에 떨어지지 않도록 주의하면서 반사 신경과 집중력을 높입니다.

 아빠의 kick!

풍선으로 천천히 천천히 진행 후 풍선에 물을 넣어 속도를 빠르게 하고, 다양한 공으로 스피드와 박진감 넘치는 랠리를 즐겨 보세요. 공의 크기가 작아질수록 난이도는 더 높아지기 때문에 놀이를 통해 아이가 도전과 성취감을 느낄 수 있도록 격려와 칭찬을 아끼지 않는 것이 중요합니다. 이 과정에서 아빠와 아이는 함께 협동하며 소중한 추억을 쌓고 가족 간의 유대감을 강화할 수 있습니다.

선 따라 하키 드리블

#도구 활용력 #힘 조절력 #시간-운동 협응력 #방향 전환력 #공간 지각력 #자세 안정성 #집중력

선 따라 하키 드리블은 아이와 함께 만든 마스킹 테이프 위를 따라 공을 굴리며 걷는 놀이입니다. 먼저 다양한 형태로 걸어 보는 활동을 통해 아이가 선에 익숙해졌다면, 이제 난이도를 높여 보겠습니다. 아이와 함께 꼬불꼬불한 미로 모양의 선을 만들고 그 선을 따라 집에 있는 탁구 라켓, 배드민턴 라켓 등을 활용해 공을 굴리며 걸어 봅니다. 라켓과 공의 크기를 다양하게 활용해 집중력은 물론이고 발, 손, 눈에 대한 협응력도 함께 키울 수 있는 단순하지만 신체 조절 능력 향상에 아주 좋은 놀이입니다.

 놀이 도구 마스킹 테이프, 탁구 라켓, 배드민턴 라켓, 다양한 크기의 공

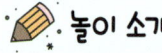 **놀이 소개**
선 따라 하키 드리블은 마스킹 테이프로 만든 길을 따라 탁구 라켓이나 배드민턴 라켓으로 공을 굴리며 걷는 놀이입니다. 이 놀이는 눈-발 협응력과 눈-손 협응력을 높이고, 균형 감각과 집중력을 향상시키는 데 효과적입니다.

고급 놀이 도전 놀이

🐌 놀이 방법

1 준비 단계: 마스킹 테이프를 사용해 바닥에 다양한 형태의 길을 만듭니다. 꼬불꼬불한 미로 모양의 선을 만들어 주세요.

2 적응 단계: 아빠와 아이는 마스킹 테이프로 만든 길을 따라 먼저 걸어 봅니다. 이 과정에서 길의 형태와 난이도에 익숙해지도록 합니다.

3 도전 단계: 길을 따라 탁구 라켓이나 배드민턴 라켓으로 공을 굴리며 걷습니다. 라켓과 공의 크기를 다양하게 활용해 난이도를 조절하고 공을 컨트롤하며 길을 따라 걷습니다.

아빠의 kick!

처음에는 간단한 길을 따라 걷는 것으로 시작하고, 점차 복잡한 모양의 길을 만들어 도전해 보세요. 드리블에 익숙해진 뒤에는 아빠가 여기저기 설치한 양말 지뢰를 피해서 드리블을 하다 보면 어느새 드리블 실력이 쑥쑥 향상됩니다. 양말 장애물의 수와 밀집도를 감안하여 다양한 난이도 조절이 가능합니다.

집중! 탁구공 골인

#시각적 추적력 #양손 협응력 #공간 지각력 #미세 근육 조절력 #집중력 #전략적 사고력

집중! 탁구공 골인은 네모 상자의 중앙에 동그란 구멍을 만들어 탁구공을 구멍 안으로 넣는 놀이입니다. 탁구공 1개를 넣고 상자를 요리조리 돌려 가며 구멍 안으로 공을 골인시켜 주면 됩니다. 이 놀이는 고도의 집중력과 공의 움직임에 따라 상자를 미세하게 컨트롤하는 능력을 요구합니다. 간단하지만 승부욕이 생기고 몰입하게 되는 놀이로 아이의 집중력과 눈-손 협응력을 높여 줍니다.

놀이 도구 네모 상자, 탁구공

놀이 소개

상자의 중앙에 구멍을 만들고 아빠와 아이가 함께 상자를 요리조리 돌려 가며 탁구공을 구멍 안에 넣는 과정을 통해 고도의 집중력과 눈-손 협응력을 기를 수 있습니다. 공의 움직임을 예측하고 상자를 섬세하게 조절하는 과정에서 미세 운동 능력이 발달하고, 간단한 규칙에도 불구하고 승부욕을 자극해 몰입감을 높일 수 있습니다.

고급 놀이 　도전 놀이

🐌 놀이 방법

1 **준비 단계:** 네모 상자의 중앙에 동그란 구멍을 만듭니다. 탁구공 1개를 준비합니다.

2 **적응 단계:** 탁구공을 상자 안에 넣고 상자를 요리조리 돌려 가며 공의 움직임에 따라 구멍으로 공을 넣는 연습을 합니다. 아이가 공의 움직임과 상자의 컨트롤에 익숙해지도록 합니다.

3 **도전 단계:** 놀이에 익숙해지면 공을 더 빠르게 구멍에 넣기 위해 다양한 각도로 상자를 돌려 보며 난이도를 높입니다. 또한, 시간제한을 두고 일정 시간 내에 공을 몇 번 구멍에 넣을 수 있는지 경기를 하여 흥미를 더할 수 있습니다.

 **아빠의 kick!**

처음에는 간단한 연습을 통해 아이가 놀이에 익숙해지도록 하고 점차 난이도를 높입니다. 예를 들어, 상자의 크기와 구멍의 크기를 조절하여 놀이에 변화를 줍니다. 2개의 탁구공을 동시에 사용하는 등 다양한 변형을 시도해 아이의 흥미를 유지합니다.

터널 통과 병뚜껑 놀이

#호흡 조절력 #거리 예측력 #방향 제어력 #전략적 사고 #입체 공간 지각력 #집중력

터널 통과 병뚜껑 놀이는 종이로 만든 다양한 크기의 터널로 병뚜껑을 통과시키는 놀이입니다. 병뚜껑을 입으로 불어서 터널을 통과시키는 이 놀이를 통해 아이는 호흡 조절과 집중력을 기르며, 신체 조절 능력을 향상시킬 수 있습니다. 아이들은 병뚜껑이 터널을 통과할 때마다 성취감을 느끼고 점점 더 높은 난이도에 도전하면서 자신감을 키울 수 있습니다. 이 놀이를 통해 아이들은 다양한 크기의 터널을 통과하면서 시각적 공간 인지 능력을 키울 수 있으며, 터널 사이의 거리를 조절하면서 반사 신경과 순발력도 기를 수 있습니다.

놀이 도구
종이로 만든 터널, 병뚜껑

놀이 소개
터널 통과 병뚜껑 놀이는 종이를 접어서 만든 다양한 크기의 터널로 병뚜껑을 통과시키는 놀이입니다. 병뚜껑을 입으로 불어서 3개의 터널을 모두 먼저 통과하는 사람이 이기는 놀이입니다. 이 놀이는 호흡 조절과 집중력을 기르고, 신체 조절 능력과 협응력을 발달시키는 데 효과적입니다.

고급 놀이 　도전 놀이

놀이 방법

1 준비 단계: 종이를 접어 다양한 크기의 터널을 만듭니다. 테이블 위에 터널을 배치하고 병뚜껑을 준비합니다.

2 적응 단계: 병뚜껑을 불어 터널로 통과시키는 연습을 합니다. 병뚜껑이 적절한 힘으로 통과되도록 호흡과 바람의 강도를 조절합니다.

3 도전 단계: 병뚜껑을 불어 3개의 터널로 모두 먼저 통과하는 사람이 승리하는 놀이입니다. 각 터널로 빠르고 정확하게 통과시키기 위해 집중력과 호흡 조절 능력을 테스트합니다.

 **아빠의 kick!**

처음에는 간단한 터널 통과 연습을 통해 아이가 놀이에 익숙해지도록 도와주세요. 병뚜껑을 불 때 적절한 바람의 강도와 방향을 조절하는 방법을 아이에게 설명해 줍니다. 아이가 터널 통과에 익숙해지면 터널의 크기와 간격을 조절해 난이도를 높여 주세요. 터널 사이의 거리를 더 멀리 하거나, 터널의 크기를 더 작게 만들어 아이가 더 많은 도전을 할 수 있도록 합니다. 또한 시간제한을 두어 아이가 제한된 시간 내에 병뚜껑을 터널로 몇 개나 통과시킬 수 있는지 도전하게 할 수 있습니다.

페트병 야구

#집중력 #타이밍 예측력 #공간 지각력 #동작 연계성 #운동 제어력 #눈-손 협응력 #순간 판단력

페트병 야구 놀이는 신문지 격파와 피구 놀이 후에 자연스럽게 연결할 수 있는 활동으로, 동글동글하게 만든 신문지 공을 사용하여 페트병을 방망이처럼 휘두르는 놀이입니다. 이 놀이를 통해 아이는 시각적 주의 집중력과 운동 능력을 동시에 발달시킬 수 있습니다. 신문지 공을 향해 페트병을 휘두르며 아이는 손과 눈의 협응력을 기르고, 공을 정확히 맞추는 과정에서 집중력과 반사 신경을 향상시킬 수 있습니다. 점차 난이도를 높여 가면서 아이는 놀이에 대한 흥미를 지속적으로 유지하고, 운동 능력을 발전시킬 수 있습니다.

 놀이 도구 신문지 공, 페트병(방망이 역할), 볼풀공(난이도 조절용)

놀이 소개

페트병 야구는 신문지 공을 사용해 페트병으로 공을 치는 놀이입니다. 이 놀이는 아이의 손과 눈의 협응력, 집중력, 그리고 운동 능력을 발달시키는 데 효과적입니다. 처음에는 신문지 공으로 시작해 점차 난이도를 높여 가면서 아이의 반사 신경과 시각적 주의 집중력을 강화할 수 있습니다.

고급 놀이 | 도전 놀이

🐌 놀이 방법

1 준비 단계: 신문지를 동글동글하게 말아 공을 만듭니다. 아이는 페트병을 방망이처럼 들고 아빠가 던져 주는 공을 치기 위해 준비합니다.

2 적응 단계: 아빠가 공을 던져 주면 아이는 페트병을 휘둘러 공을 치는 연습을 합니다. 처음에는 공이 잘 맞지 않을 수 있지만 반복적인 연습을 통해 아이는 점점 타이밍을 잡고 공을 맞출 수 있게 됩니다.

3 도전 단계: 놀이에 익숙해지면 공의 속도와 무게를 조금씩 늘리기 위해 볼풀공을 사용합니다. 더 빠르고 무거운 공을 치기 위해서는 아이가 더욱 집중해야 하며, 이 과정에서 반사 신경과 운동 능력이 발달하게 됩니다.

 아빠의 kick!

★ **타이밍 연습:** 처음에는 천천히 공을 던져 아이가 타이밍을 맞추는 연습을 할 수 있도록 돕습니다. 타이밍을 잡기 어려워할 경우 공을 휘두르기 전에 페트병을 미리 준비시키고, 공이 가까워질 때 휘두르게 유도해 주세요.

★ **경기 도입:** 놀이에 점수제를 도입해 보세요. 공을 몇 번 치는지 기록하거나, 일정 횟수의 시도에서 더 멀리 보낸 사람이 승리하는 방식으로 경쟁을 유도할 수 있습니다.

책 균형 잡고 옮기기

#자세 균형감 #코어 안정성 #미세 근육 조절력 #집중력 #정적 균형감 #자세 교정력 #신체 인식력

책 균형 잡고 옮기기 놀이는 아이의 균형 감각과 신체 조절 능력을 크게 향상시킬 수 있는 활동입니다. 이 놀이는 책을 신체의 다양한 부위에 올리고 균형을 유지하며 걷는 과정에서 아이가 신체 각 부분의 움직임을 조절하고, 집중력을 높이며 근육 사용을 자연스럽게 배우게 합니다. 책이 떨어지지 않도록 신경을 쓰며 움직여야 하기 때문에, 아이는 신체의 조화로운 움직임을 익히고 균형을 유지하는 방법을 터득하게 됩니다.

 놀이 도구 다양한 크기와 무게의 책

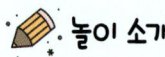 **놀이 소개**

책 균형 잡고 옮기기는 신체의 다양한 부위에 책을 올려 균형을 유지하며 걷는 놀이입니다. 이 과정에서 아이는 신체 조절 능력과 균형 감각을 발달시킬 수 있으며, 집중력을 높이는 데도 효과적입니다.

놀이 방법

1 **준비 단계:** 처음에는 얇고 가벼운 책을 사용해 신체의 다양한 부위에 올리고 균형을 잡는 연습을 합니다. 책을 머리 위, 어깨 위, 손등 위 등에 올려 보고 이 상태에서 움직이지 않고 서 있는 것부터 시작합니다.

2 **적응 단계:** 책을 올린 상태에서 천천히 걷기 시작합니다. 처음에는 직선으로 걸으며 책이 떨어지지 않도록 주의하고, 점차 걷는 속도를 높이거나 방향을 바꿔 봅니다.

3 **도전 단계:** 다양한 자세와 신체 부위를 활용해 책을 옮기는 도전으로 난이도를 높입니다. 예를 들어, 한 발로 서기, 뒤로 걷기, 앉았다 일어나기 등을 시도하면서 아이의 균형 감각과 신체 조절 능력을 더욱 강화할 수 있습니다.

 **아빠의 kick!**

★ **책의 종류와 무게 조절:** 처음에는 얇고 가벼운 책으로 시작하고, 아이가 놀이에 익숙해지면 점차 무겁고 큰 책을 사용해 보세요. 책의 종류와 무게를 조절하여 아이가 도전을 이어 갈 수 있도록 돕습니다.

★ **동작 변형 시도:** 기본적으로 걷는 것 외에 다양한 동작을 시도해 보세요. 예를 들어, 앉았다 일어나기, 뒤로 걷기, 한 발로 서기 등의 변형을 통해 놀이의 난이도를 높이고, 아이의 흥미를 지속적으로 끌어낼 수 있습니다.

순발력 기억 놀이

#시각적 기억력 #순간 반응력 #시각-운동 통합 #인지적 유연성 #패턴 인식력 #집중력

순발력 기억 놀이는 아이의 기억력과 순발력을 동시에 키우는 재미있는 활동입니다. 이 놀이는 종이컵과 공을 활용하여 짧은 시간 내에 아빠가 설정한 공의 색상 순서를 그대로 맞추는 도전적인 놀이입니다. 이를 통해 아이는 시각적 기억력과 순발력을 발달시키고, 손과 눈의 협응력, 집중력을 향상시킬 수 있습니다. 놀이가 진행되면서 난이도를 점차 높일 수 있어 아이의 인지적 능력과 반응 속도를 동시에 훈련하는 데 효과적입니다.

놀이 도구
종이컵 10개, 다양한 색깔의 공 10개

놀이 소개
순발력 기억 놀이는 아빠가 설정한 공의 색상 순서를 아이가 짧은 시간 안에 기억하고 재현하는 놀이입니다. 이 과정에서 아이는 집중력과 시각적 기억력을 발휘해야 하며, 손과 눈의 협응력을 동시에 강화할 수 있습니다.

 고급 놀이　도전 놀이

놀이 방법

1 준비 단계: 아빠는 종이컵 5개를 테이블 위에 일정한 간격으로 놓고, 각 컵 위에 다양한 색상의 공을 하나씩 랜덤으로 배치합니다. 이때 아이는 뒤를 돌아서 공의 배치 과정을 보지 않도록 합니다.

2 적응 단계: 아빠가 "준비, 시작!" 신호를 주면 아이는 뒤를 돌아서 아빠가 설정한 컵 위의 공 색상 순서를 기억합니다. 이후 아이는 자신의 앞에 놓인 종이컵 5개에 정해진 시간(예: 10초 또는 15초)에 같은 순서로 공을 올립니다.

3 도전 단계: 놀이에 익숙해지면 공의 배치 순서를 더 복잡하게 하거나, 색상과 공의 수를 늘려 난이도를 높입니다. 또한, 시간제한을 줄여 빠르게 기억하고 재현해야 하는 도전적인 상황을 추가해 아이의 순발력과 집중력을 더욱 강화할 수 있습니다.

 아빠의 kick!

순발력 기억 놀이는 간단한 준비물로 아이와 함께 신체적, 정신적 도전을 즐길 수 있는 놀이입니다. 놀이를 통해 아이는 성취감을 느끼고, 점점 더 빠르고 정확하게 공을 배치하며 자신감을 키울 수 있습니다.
★ **공의 수와 색상 변화:** 처음에는 5개의 공으로 시작하고, 놀이가 익숙해지면 6개, 7개로 공의 수를 늘리거나 색상을 다양하게 사용해 난이도를 높입니다.

집중! 공 옮기기 놀이

#집중력 #눈-손 협응력 #공간 지각력 #도구 조작력 #소근육 조절력 #전략적 사고

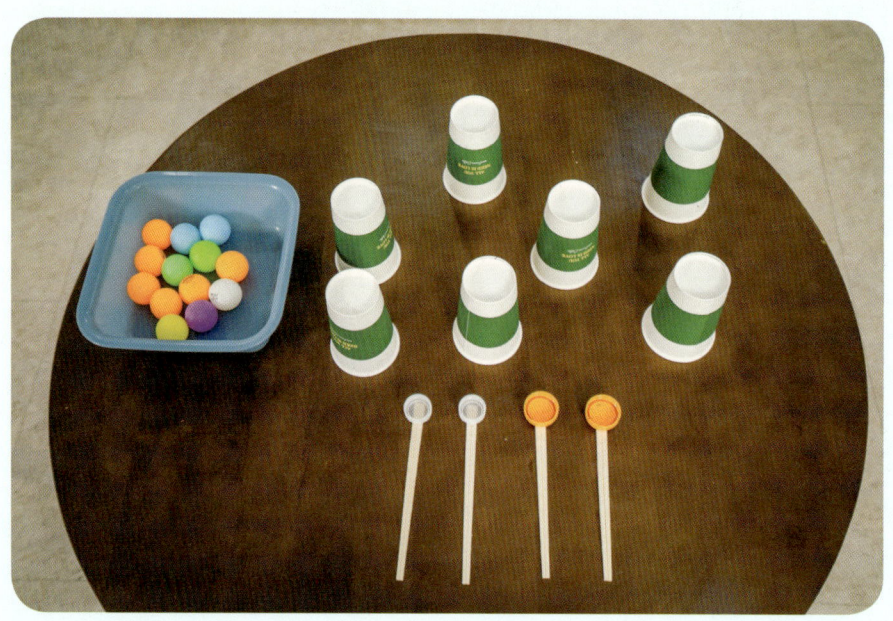

집중! 공 옮기기 놀이는 나무젓가락과 음료수 병뚜껑을 활용해 준비할 수 있는 간단한 놀이로, 아이의 집중력과 손과 팔의 소근육을 발달시키는 활동입니다. 이 놀이를 통해 아이는 손과 눈의 협응력을 높이고, 공을 정확히 옮기며 소근육 조절 능력을 향상시킬 수 있습니다. 또한 아빠와 협력하여 공을 안전하게 옮기며 협동심을 기르고, 놀이 속에서 성취감을 느낄 수 있습니다.

놀이 도구
나무젓가락, 음료수 병뚜껑, 작은 공 여러 개, 종이컵, 통(공 담는 용도)

놀이 소개
이 놀이는 나무젓가락과 병뚜껑을 활용한 간단한 라켓을 이용해 작은 공을 옮기는 활동입니다. 아이는 손의 섬세한 조절 능력을 기르고, 아빠와 함께 협력하며 놀이를 즐길 수 있습니다.

> 고급 놀이   도전 놀이

🐌 놀이 방법

1 **준비 단계:** 나무젓가락 2개에 음료수 병뚜껑을 부착해 라켓을 만듭니다. 공을 모아 놓을 통과 종이컵도 준비합니다. 아빠와 아이는 각각 라켓을 하나씩 들고 공을 옮길 준비를 합니다.

2 **적응 단계:** 아빠와 아이는 병뚜껑 라켓으로 작은 공을 잡아 종이컵으로 옮깁니다. 공을 떨어뜨리지 않도록 신중하게 움직이며, 공을 하나씩 차례로 옮깁니다.

3 **도전 단계:** 아이는 뒤를 돌아서 아빠가 설정한 컵 위의 공 색상 순서를 기억합니다. 이후 아이는 자신의 앞에 놓인 종이컵 5개에 정해진 시간(예: 10초 또는 15초)에 같은 순서로 아빠와 함께 공을 옮겨 올립니다.

아빠의 kick!

★ **처음에는 천천히 시작하기:** 처음에는 공을 천천히 옮기며 아이가 놀이에 적응할 수 있도록 도와주세요. 놀이에 익숙해지면 점차 시간제한을 두거나 옮기기 더 어려운 크기가 큰 공을 사용해 도전 의식을 자극합니다.

★ **다양한 변형 시도:** 공 외에도 다른 물건(예: 작은 장난감)을 옮기는 변형을 통해 놀이에 변화를 줍니다. 이를 통해 아이의 흥미를 계속해서 끌어낼 수 있습니다.

가재 아저씨의 탑 쌓기

#도구 조작력 #소근육 조절력 #눈-손 협응력 #집중력 #전략적 사고 #문제 해결력

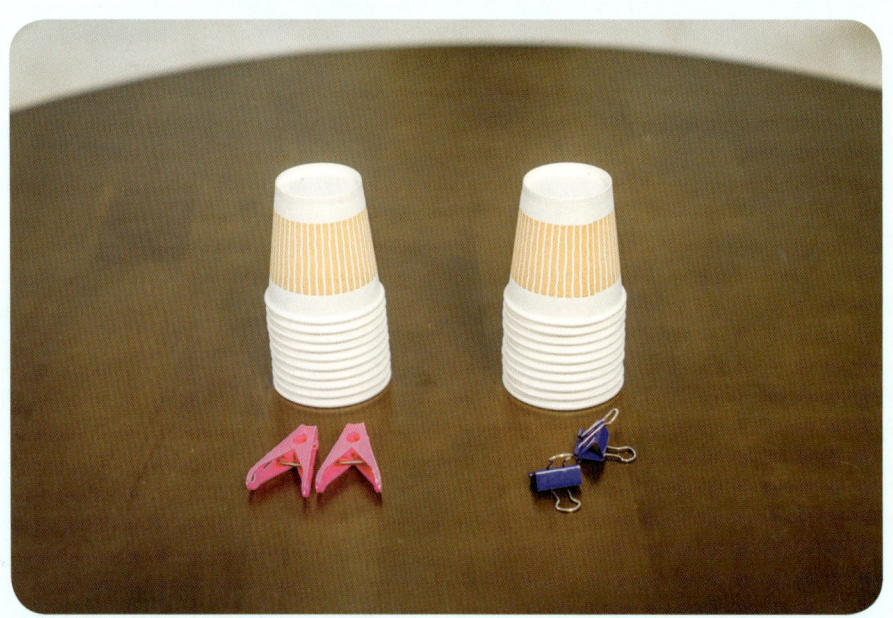

가재 아저씨의 탑 쌓기 놀이는 빨래집게와 컵을 사용해 손가락의 힘을 조절하며 탑을 쌓는 활동입니다. 이 놀이는 손의 소근육 발달을 돕고 손가락 힘을 섬세하게 조절하는 능력을 기르며, 손과 눈의 협응력을 발달시킵니다. 다양한 크기의 집게와 컵을 사용해 난이도를 조절하면서 신체적 도전과 집중력을 함께 기를 수 있는 활동입니다.

놀이 도구
빨래집게(다양한 크기), 종이컵 또는 플라스틱 컵(다양한 크기), 추가 도구로 핀셋, 종이집게

놀이 소개
가재 아저씨의 탑 쌓기 놀이는 손 대신 빨래집게를 사용해 컵을 쌓아 가는 활동입니다. 이 과정에서 손가락 힘과 섬세한 조절 능력을 기르며, 집중력과 손과 눈의 협응력을 발달시킬 수 있습니다. 다양한 도구를 사용해 놀이의 난이도를 조절할 수 있습니다.

고급 놀이 도전 놀이

🐌 놀이 방법

1 준비 단계: 아빠와 아이는 각각 빨래집게와 다양한 크기의 컵을 준비합니다. 아이는 먼저 빨래집게로 작은 컵을 잡고 탑을 쌓아 가는 연습을 합니다.

2 적응 단계: 아이가 컵을 안정적으로 쌓기 시작하면 점점 더 큰 컵을 사용해 탑을 쌓도록 놀이의 난이도를 높입니다. 이 과정에서 손의 힘을 더 강하게 조절해야 하며, 집중력을 발휘해야 합니다.

3 도전 단계: 빨래집게 외에도 핀셋이나 종이집게 같은 다양한 도구를 사용해 도전해 봅니다. 도구에 따라 손가락을 조절하는 방식이 달라져, 다양한 자극을 통해 손가락 근육 발달과 조정 능력을 향상시킬 수 있습니다.

 아빠의 Kick!

★ **처음에는 작은 컵으로 시작:** 놀이를 처음 시작할 때는 작은 컵을 사용해 아이가 천천히 탑을 쌓을 수 있도록 도와주세요. 이후 컵의 크기와 무게를 점차 늘려 가며 도전을 추가해 보세요.

★ **속도와 균형 모두 중요:** 빠르게 탑을 쌓으면서도 균형을 유지해야 한다는 점을 강조해 주세요. 시간을 측정해 더 많은 컵을 쌓도록 도전하면 아이의 집중력과 손 조정 능력을 동시에 향상시킬 수 있습니다.

★ **실패도 학습의 기회:** 탑이 무너져도 이를 배우는 과정으로 받아들이게 격려해 주세요. 다시 시도할 수 있는 자신감을 심어 주는 것이 중요합니다.

풍선 크레인 놀이

#집중력 #호흡 조절력 #공간 지각력 #운동 계획력 #시각적 구적력 #미세 조절력

풍선 크레인 놀이는 풍선과 종이컵을 활용해 공기를 불어넣고 컵을 목표 지점으로 옮기는 창의적인 놀이입니다. 이 활동을 통해 아이는 손과 눈의 협응력을 발달시키고, 풍선의 공기량을 조절하며 폐활량을 자연스럽게 키울 수 있습니다. 컵을 안정적으로 이동시키기 위한 집중력과 신체 조절 능력을 기르며, 다양한 변형으로 놀이의 재미를 더할 수 있습니다.

놀이 도구 풍선, 종이컵 여러 개

놀이 소개

풍선 크레인 놀이는 풍선에 공기를 불어넣어 종이컵을 공중에 띄우고, 그 컵을 목표 지점까지 옮기는 활동입니다. 풍선을 통해 신체를 조절하고 집중력을 발휘하며, 놀이의 다양한 변형을 통해 도전적인 요소를 더할 수 있습니다.

놀이 방법

1 준비 단계: 아빠와 아이는 풍선과 종이컵을 준비합니다. 아이는 풍선에 공기를 불어넣고 풍선을 컵 위에 안정적으로 얹습니다.

2 적응 단계: 풍선이 담긴 컵을 들고 목표 지점까지 옮기는 연습을 합니다. 이 과정에서 풍선을 조심스럽게 짧은 거리를 이동시키며 공기가 빠지지 않도록 주의합니다.

3 도전 단계: 놀이에 익숙해지면 컵을 여러 개 옮겨 속도 경쟁을 하거나, 컵을 차곡차곡 높이 쌓기 놀이로 변형합니다. 목표 지점을 멀리 설정해 더 긴 거리로 컵을 옮기며 폐활량과 신체 조절 능력을 향상시킵니다.

 **아빠의 kick!**

★ **폐활량 향상:** 풍선에 공기를 불어넣고 이를 유지하며 컵을 옮기는 과정에서 폐활량이 자연스럽게 증가합니다.

★ **처음에는 가까운 거리부터 시작:** 처음에는 가까운 목표 지점을 설정해 아이가 풍선을 조절하는 방법을 익히게 해 주세요. 이후 거리를 늘려 가며 도전의 난이도를 조절할 수 있습니다.

★ **집중력과 협응력 강화:** 풍선이 빠지지 않도록 공기를 조절하고, 컵을 목표 지점에 정확히 옮기기 위해 집중력을 발휘합니다.

아슬아슬 접시 드리블

#속도 조절력 #도구 조작력 #시간-운동 협응력 #소근육 제어력 #인내심 #공간 지각력 #전략적 사고력

아슬아슬 접시 드리블 놀이는 일회용 종이 접시와 나무젓가락을 활용해 공을 구멍으로 통과시키고, 컵에 넣는 도전적인 활동입니다. 이 놀이를 통해 아이는 손과 눈의 협응력을 기르고, 공을 조절하는 과정에서 손의 섬세한 움직임과 균형 감각을 발달시킬 수 있습니다. 놀이를 변형하며 난이도를 조절함으로써 지속적인 도전과 성취감을 경험하게 됩니다.

놀이 도구
일회용 종이 접시, 나무젓가락, 작은 공(구슬, 탁구공 등), 종이컵 여러 개

놀이 소개
아슬아슬 접시 드리블 놀이는 접시에 공을 올려놓고 나무젓가락을 이용해 공을 구멍으로 떨어뜨리고, 목표 지점인 컵에 공을 넣는 도전적인 놀이입니다. 이 과정에서 집중력과 손의 미세한 조절 능력을 기르게 되며, 눈-손 협응력이 자연스럽게 발달합니다.

놀이 방법

1 준비 단계: 일회용 종이 접시에 구멍을 뚫고, 나무젓가락을 접시에 부착해 손잡이를 만듭니다. 접시 위에 작은 공을 올려놓고 놀이 준비를 마칩니다. 아이는 접시에 올린 공을 조심스럽게 움직여 접시 중앙에 있는 구멍을 통해 공을 떨어뜨리는 연습을 합니다. 공이 접시 바깥쪽으로 떨어지지 않도록 신중하게 움직여야 합니다.

2 적응 단계: 접시 아래에 여러 개의 종이컵을 배치해 공을 특정한 컵에 넣는 도전으로 놀이를 발전시킵니다.

3 도전 단계: 컵의 위치와 배열을 다양하게 하여 난이도를 조절할 수 있습니다 예를 들어, 컵을 삼각형이나 원 모양으로 배치하여 다양한 각도에서 공을 넣는 변형 놀이도 가능합니다.

아빠의 kick!

★ **처음에는 가까운 거리에서 시작:** 처음에는 컵을 가까운 위치에 배치해 아이가 공을 안정적으로 넣을 수 있도록 도와주세요. 아이가 성공할수록 컵과 위 접시의 거리를 점차 멀리해 도전 의식을 높일 수 있습니다.

끼리끼리 정리하기

#눈-손 협응력 #공간 구성력 #분류 인지력 #집중력 #소근육 조절력

끼리끼리 정리하기는 투명 비닐장갑과 컬러 블록을 활용하여 아이가 블록을 색깔별로 빠르게 분류하고 정리하는 놀이입니다. 이 놀이를 통해 아이는 손과 눈의 협응력, 순발력, 집중력, 그리고 문제 해결 능력을 발달시킬 수 있습니다. 시간제한이나 경쟁 요소를 더하면 도전적인 분위기 속에서 더 흥미롭게 즐길 수 있습니다.

놀이 도구
투명 비닐장갑 1개, 다양한 색깔의 작은 블록(또는 구슬, 스티로폼 공 등) 여러 개

놀이 소개
투명 비닐장갑에 다양한 색상의 블록을 랜덤하게 넣고, 각 손가락에 색깔별로 블록을 분류하는 놀이입니다. 이 과정에서 아이는 빠른 판단과 순발력이 필요하며, 집중력과 손의 미세 조작 능력을 기르게 됩니다.

놀이 방법

1 준비 단계: 투명 비닐장갑 중앙에 다양한 색깔의 블록을 랜덤하게 넣습니다. 블록들이 손가락 부분에 가지 않도록 중앙에 모아 둡니다.

2 적응 단계: 아이는 장갑을 손에 끼우지 않은 상태에서 장갑을 조작하며 블록을 각 손가락 부분에 색깔별로 분류합니다. 처음에는 시간제한 없이 천천히 블록을 분류하는 연습을 합니다.

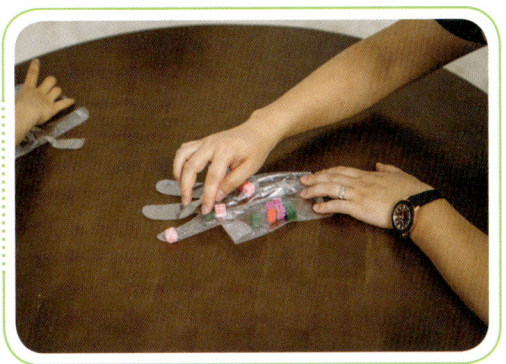

3 도전 단계: 타이머를 설정해 정해진 시간 안에 블록을 빠르게 분류하는 도전을 진행합니다. 시간이 지나기 전에 블록을 정확히 분류해야 하며, 시간제한을 짧게 조절해 도전 의식을 높일 수 있습니다.

아빠의 kick!

단순한 색깔 분류 외에도 특정 색깔의 블록을 먼저 분류하거나, 정해진 순서대로 블록을 나누는 식의 창의적인 미션을 추가해 아이가 더 많은 생각을 하도록 도울 수 있습니다.

움직이는 공 퍼즐

#공간 지각력 #작업 기억력 #집중력 #패턴 인식력 #문제 해결력 #인내심

움직이는 공 퍼즐은 컬러 공과 종이컵을 활용해 아이가 주어진 배치대로 공을 빠르게 옮기는 과정에서 집중력과 협응력, 문제 해결 능력을 발달시킬 수 있는 놀이입니다. 공을 옮기고 종이에 그려진 배치에 맞추는 과정에서 아이는 손과 눈의 협응력과 함께 빠른 판단력을 기르게 됩니다. 다양한 난이도 조절로 놀이의 긴장감과 흥미를 유지할 수 있습니다. 이 놀이는 아이가 공을 빠르게 맞추는 과정을 통해 성취감을 느끼고, 배치가 랜덤하게 바뀌는 재미로 긴장감이 더해집니다.

놀이 도구
하얀색 종이 4장, 컬러 공 4개(빨강, 파랑, 노랑, 초록), 종이컵 16개

놀이 소개
움직이는 공 퍼즐은 종이에 그려진 컬러 공의 배치에 따라 종이컵 안의 공을 빠르게 옮기는 놀이입니다. 공의 배치가 계속 변경되며 아이는 그에 맞춰 신속하게 공을 옮겨야 합니다. 이 과정에서 아이의 집중력, 순발력, 그리고 기억력이 함께 발달합니다.

고급 놀이   도전 놀이

🐌 놀이 방법

1 **준비 단계:** 아빠는 4장의 종이에 각기 다른 배치로 컬러 공을 그려 둡니다. 종이컵 16개를 4세트로 나누어 준비하고, 컬러 공을 각각의 컵에 나누어 올립니다.

2 **적응 단계:** 아이는 신호를 받고 주어진 종이의 배치대로 종이컵 안의 공을 맞춰 가며 이동합니다. 공의 위치를 빠르게 기억하고, 그 배치대로 종이컵에 공을 옮기는 연습을 합니다. 타이머를 설정하여 시간 안에 모든 공을 정확하게 맞추는 도전을 진행합니다.

3 **도전 단계:** 배치를 더 복잡하게 설정하거나, 공 이동 시 X 자로 팔을 교차하여 공을 놓도록 하기와 같이 놀이를 더욱 도전적으로 만듭니다.

아빠의 kick!

난이도를 조절해 가며 아이의 도전 의식을 자극할 수 있어 가족들과 함께 즐기기 좋은 놀이 중 하나입니다. 요즘 많이들 다니시는 캠핑이나 여행 갔을 때 숙소에서 온 가족이 모여 함께 즐기기 좋은 놀이입니다. 처음에는 간단한 배치로 시작해 아이가 익숙해지면 배치를 더 복잡하게 설정하세요. 공의 색상이나 순서를 무작위로 바꿔 가며 난이도를 조절할 수 있습니다.

컵 레이스

#전략적 사고 #경로 추적력 #집중력 #공간 지각력 #경쟁 대응력 #문제 해결력 #호흡 제어력

컵 레이스는 빨대와 종이컵을 활용해 폐활량과 집중력을 향상시키는 놀이입니다. 아이들은 빨대를 이용해 공기를 불어 컵을 이동시키며 손과 눈의 협응력을 기릅니다. 특히, 컵을 빠르게 이동시키기 위해서는 공기의 양을 조절해야 하며 이를 통해 폐활량이 자연스럽게 발달합니다. 또한 컵을 일정한 경로에 맞춰 이동시키는 과정에서 아이들은 문제 해결 능력과 전략적 사고를 발달시킬 수 있습니다. 이 놀이를 통해 아이들은 속도와 집중을 요구하는 도전적인 환경에서 성취감을 느끼게 됩니다.

놀이 도구
다양한 크기의 종이컵, 다양한 굵기의 빨대, 마스킹 테이프

놀이 소개
컵 레이스는 아이들이 빨대를 이용해 컵을 불어 이동시키는 놀이로, 공기의 양과 방향을 조절해 컵을 목표 지점까지 이동시키는 것이 목표입니다. 경로에 맞춰 컵을 이동시키는 과정에서 손과 눈의 협응력이 발달하며, 폐활량도 자연스럽게 향상됩니다. 놀이 속도와 난이도를 조절해 가며 아이들이 집중력을 기르고 전략적으로 문제를 해결하는 데 도움을 줍니다.

고급 놀이 도전 놀이

🐌 놀이 방법

1 준비 단계: 마스킹 테이프를 사용해 테이블 위에 출발선과 도착선을 표시합니다. 종이컵과 빨대를 준비하고, 빨대의 굵기나 컵의 크기를 아이들의 연령이나 능력에 맞게 선택합니다.

2 적응 단계: 출발선에서 컵을 빨대로 불어 도착선까지 이동시킵니다. 공기의 양을 조절하여 컵이 도착점에 정확히 도착할 수 있도록 합니다. 처음에는 컵을 천천히 이동시키며 빨대를 통해 컵을 조절하는 방법을 익힙니다.

3 도전 단계: 컵을 이동시키는 동안 빨대를 불 수 있는 횟수를 제한합니다. 예를 들어, 5번 안에 컵을 도착 지점에 도착시키는 도전 과제를 줍니다. 이를 통해 아이들은 더 신중하게 공기의 양을 조절해야 합니다.

 **아빠의 kick!**

마스킹 테이프를 사용해 테이블 위에 경로를 만들어 컵이 그 경로를 따라 이동해야 하는 방식으로 난이도를 높입니다. 경로가 복잡할수록 더 많은 집중력과 손의 조절 능력이 요구됩니다. 테이블 위에 작은 장애물을 두어 컵이 장애물을 피해 지나가도록 하는 도전 요소를 추가합니다. 더 많은 집중력이 필요해집니다.

박스 대포 놀이

#신체-도구 협응력 #타이밍 조절력 #힘 조절력 #공간 지각력 #창의적 문제 해결력 #집중력

박스 대포 놀이는 집에 있는 택배 상자와 간단한 재료를 활용해 아이들이 스스로 대포를 만들고, 공을 멀리 튕겨 내는 놀이입니다. 이 놀이에서는 아이가 대포를 발사하며 신체의 협응력을 발달시키고, 대포의 구조를 만들고 수정하는 과정에서 창의력과 문제 해결 능력을 키울 수 있습니다. 공이나 종이컵을 멀리 보내는 목표를 통해 집중력과 성취감을 동시에 얻을 수 있으며, 놀이의 다양한 변형을 통해 아이는 꾸준한 도전과 성장을 경험하게 됩니다.

놀이 도구 깨끗한 택배 상자, 테이프, 종이컵 또는 볼풀공, 큰 우산

놀이 소개
박스 대포 놀이는 택배 상자를 활용해 간단한 대포를 만드는 창의적인 놀이로, 아이들이 손과 눈의 협응력, 문제 해결 능력을 키울 수 있는 활동입니다. 상자 안의 공기 압축을 통해 종이컵이나 공을 멀리 튕겨 내며 누가 더 멀리 보내거나 정확히 맞추는지를 겨루는 과정에서 아이들은 경쟁심과 성취감을 느끼며 즐거움을 얻습니다.

고급 놀이 　도전 놀이

🐌 놀이 방법

1 준비 단계: 택배 상자의 위·아래를 테이프로 꼼꼼하게 밀봉하여 공기가 새지 않도록 합니다. 상자가 단단하게 밀봉될수록 발사하는 힘이 강해집니다. 상자의 한쪽 면에 종이컵 아랫부분이 들어갈 크기의 구멍을 뚫습니다. 구멍 위에 종이컵 또는 볼풀공을 올려놓고 발사 준비를 합니다.

2 적응 단계: 상자의 양쪽을 동시에 세게 눌러 공기압을 만들어 구멍 위에 있는 종이컵이나 공을 튕겨 냅니다. 발사 강도를 조절하며 여러 번 연습해 봅니다. 아이들은 각각 상자를 사용해 종이컵이나 공을 가능한 멀리 보내는 연습을 합니다. 적절한 힘과 타이밍을 익히면서 더 먼 거리로 발사하는 방법을 배웁니다.

3 도전 단계: 두 명 이상의 참여자들이 각자 만든 대포를 이용해 대결을 펼칩니다. 각 라운드마다 누가 더 멀리, 더 정확하게 커다란 우산 안에 공을 넣는지, 누가 공 또는 컵을 많이 넣는지 대결합니다.

아빠의 kick!

아이에게 상자를 세게 눌러 공을 멀리 보내는 것부터 부드럽게 눌러 정확한 목표를 맞추는 방법까지 다양한 강도를 시도해 보도록 합니다. 발사 강도를 통해 아이는 적절한 힘 조절과 집중력을 배울 수 있습니다.

04 가족 놀이

협력 놀이 — 모든 연령 협력 가능

놀이 특징

난이도와 접근성에서 이 놀이들은 전 연령대가 함께 즐길 수 있는 포용적인 형태로 구성하였습니다. 일상적인 도구들(컵, 풍선, 책 등)을 활용하여 누구나 쉽게 참여할 수 있으며, 가족 구성원들의 협력과 소통을 통해 함께 즐기는 것에 초점을 맞추고 있습니다. 특히 세대 간의 차이를 넘어 모든 가족이 동등하게 참여할 수 있는 난이도로 설계하였습니다.

운동 발달 측면에서는 개인의 운동 능력 향상과 함께 협력적 운동 수행이 강조됩니다. 던지기, 받기, 균형 잡기 등의 기본 운동 능력이 서로 협력하는 과정에서 자연스럽게 발달하며, 특히 타인과의 호흡을 맞추는 협응력, 타이밍 조절, 공간 활용 능력 등이 통합적으로 향상됩니다. 이러한 협력적 운동 수행은 개인의 운동 능력 발달을 넘어 사회적 운동 기술의 발달도 촉진합니다.

신체 발달 측면에서는 개인의 신체 발달과 함께 타인과의 상호작용을 통한 협력적 신체 활동이 강조됩니다. 자신의 신체 움직임을 조절하면서도 타인의 움직임을 고려하고 대응하는 능력이 요구되며, 이를 통해 더욱 풍부한 신체 경험과 발달이 이루어집니다. 또한 가족 간의 신체적 접촉과 교감을 통해 정서적 유대감도 자연스럽게 강화됩니다.

이 가족 협력 놀이들의 가장 큰 특징은 '함께 하는 즐거움'입니다. 개인의 성취보다는 가족이 함께 목표를 달성하는 과정에서 얻는 즐거움과 유대감 형성에 초점을 맞추고 있습니다. 또한 놀이 과정에서 의사소통 능력, 배려심, 협동심 등 사회정서적 능력의 발달도 자연스럽게 이루어집니다. 이러한 특성들이 결합되어 가족 구성원 모두의 신체적·정서적 발달을 촉진하는 동시에, 가족 간의 긍정적인 상호작용을 통해 건강한 가족 문화를 형성할 수 있는 효과적인 가족 놀이 프로그램으로 완성되었습니다.

양손 캐치볼

#타이밍 조절력 #집중력 #민첩성 #상호 협력 #동체시력 #눈-손 협응력

양손 캐치볼은 아빠와 아이가 마주보고 진행하는 놀이입니다. 아이는 종이컵을 양손에 들고, 아빠는 공 2개를 다양한 패턴으로 굴리거나 튕겨서 아이에게 보냅니다. 아이는 공의 움직임을 예측해 컵으로 공을 덮어 잡습니다. 이 놀이는 아이가 공의 방향과 속도를 판단하는 능력을 키우며, 손과 눈의 협응력을 향상시킵니다. 다양한 크기의 공과 속도, 바운딩을 통해 아이의 흥미를 끌어내고, 순발력을 발달시키는 데도 효과적입니다. 다양한 공을 사용함으로써 난이도를 조절할 수 있어 지속적으로 도전하고 성취감을 느낄 수 있습니다.

놀이 도구
다양한 크기의 종이컵, 탁구공 또는 볼풀공

놀이 소개
다양한 패턴으로 공을 굴리거나 튕겨서 아이가 컵으로 받아 내는 놀이입니다. 이 놀이는 아이의 집중력과 눈-손 협응력을 높이고, 순발력을 키우는 데 도움을 줍니다. 또한 공의 크기와 바운딩 속도를 조절하여 난이도를 다양하게 조절할 수 있습니다.

놀이 방법

1 준비 단계: 아이가 양손에 종이컵을 들고 준비합니다.

2 적응 단계: 아빠는 공 2개를 번갈아가며 굴리거나 튕깁니다. 아이는 공의 움직임을 주의 깊게 보고 컵으로 공을 덮어 잡습니다.

3 도전 단계: 공의 크기와 속도를 바꾸어 가며 연습합니다. 예를 들어, 작은 공을 빠르게 굴리거나 큰 공을 천천히 튕기며 난이도를 조절합니다.

아빠의 kick!

처음에는 공을 천천히 굴리거나 낮은 높이에서 튕기며 놀이를 시작하지만, 점차 난이도를 높입니다. 예를 들어, 공의 방향을 갑작스럽게 바꾸거나 공을 높이 튕겨서 아이가 공의 움직임을 예측하는 능력을 더욱 키웁니다. 역할을 바꾸어서 아이가 힘 조절에 대한 컨트롤을 스스로 익힐 수 있게 해 줍니다.

컵 밸런스 마스터

#신체 협응력 #집중력 #미세 조절력 #상황 대처력

컵 밸런스 마스터는 아빠와 아이가 함께 하는 재미있는 신체 놀이입니다. 두 사람이 나란히 서서 시작하며 다양한 신체 부위에 컵을 올려 둡니다. 컵을 떨어뜨리지 않고 반환점을 돌아 출발점으로 돌아오는 것이 목표입니다. 이 놀이는 집중력과 균형 감각을 기르는 데 매우 효과적입니다. 컵의 종류를 다양하게 하거나, 컵 안에 가볍거나 무거운 물건, 혹은 물을 채워 넣으면 놀이의 난이도와 재미가 더욱 높아집니다. 손바닥, 손등, 머리 위 등 다양한 부위에 컵을 올려 이동하면서 아이의 균형 감각과 협응력을 발달시킬 수 있습니다. 이 놀이를 통해 아이들은 신체적 능력뿐만 아니라 자신감과 성취감을 키울 수 있습니다.

놀이 도구 종이컵, 플라스틱 컵, 가벼운 물건, 무거운 물건, 물

놀이 소개
컵 밸런스 마스터는 아빠와 아이가 다양한 신체 부위에 컵을 올려 두고 반환점을 돌아오는 놀이입니다. 이 놀이는 아이의 집중력과 균형 감각을 키우는 데 도움이 되며, 다양한 난이도로 즐길 수 있습니다.

놀이 방법

1 준비 단계: 두 사람이 나란히 서서 시작하며 각자 다양한 신체 부위에 컵을 올립니다. 손바닥, 손등, 머리 위 등 다양한 부위를 사용합니다.

2 적응 단계: 컵을 떨어뜨리지 않고 반환점을 돌아 출발점으로 돌아오면 성공입니다. 이때, 컵 안에 가벼운 물건이나 물을 채워 넣어 난이도를 조절할 수 있습니다.

3 도전 단계: 컵을 떨어뜨리지 않고 반환점을 돌아 출발점에 도착하는 것이 목표이며, 점차 더 어려운 부위에 컵을 올리며 난이도를 높여 갑니다.

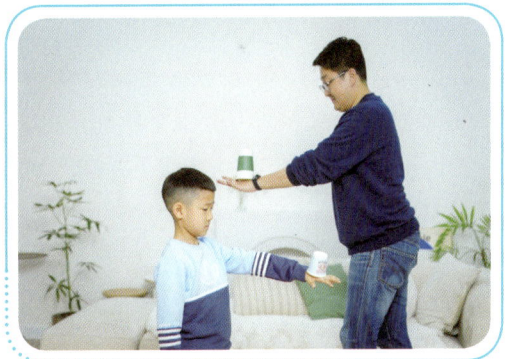

아빠의 kick!

각자 다른 신체 부위에 컵을 올리고 동시에 출발해 누가 더 빨리 돌아오는지 경기를 하면 흥미를 더할 수 있습니다. 제한 시간을 두고 일정 시간 안에 몇 번 성공했는지 기록하는 방식으로 경기를 진행해도 재미있고, 엄마와 아빠 팀으로 나눠 팀전을 펼쳐도 짜릿합니다.

풍선 순발력 놀이

#순발력 #공간 지각력 #동작 전환력 #리듬감 #신체 제어력 #운동 지속성 #협응력

풍선 하나만으로 언제 어디서나 쉽고 간단하게 즐길 수 있는 놀이입니다. 아빠와 나란히 서서 시작하며, 먼저 풍선을 높이 던지고 받는 몸풀기 놀이부터 시작합니다. 이 과정을 통해 아이는 풍선이 떨어지는 방향과 속도에 적응하게 됩니다. 놀이에 익숙해지면 난이도를 높여 보세요. 풍선을 띄우고 떨어지기 전에 박수 한 번 치고 받기, 두 번 치고 받기와 같은 방식으로 변형할 수 있습니다. 더욱 난이도를 높이고 싶다면, 풍선을 띄우고 한 바퀴 돌아서 받기와 같은 도전적인 동작도 시도할 수 있습니다. 다양한 변형을 통해 신체 조절 능력과 반사 신경을 강화할 수 있습니다.

놀이 도구 풍선

놀이 소개

풍선 순발력 놀이는 아빠와 아이가 풍선을 이용해 다양한 동작을 하며 눈-손 협응력, 순발력, 집중력을 향상시키는 놀이입니다. 이 놀이는 어디서나 쉽게 할 수 있으며, 다양한 변형을 통해 신체 조절 능력과 반사 신경을 강화할 수 있습니다.

놀이 방법

1 준비 단계: 아빠와 아이가 나란히 서서 풍선을 높이 던지고 받는 몸풀기 놀이를 합니다. 이 과정을 통해 아이는 풍선의 움직임에 적응하게 됩니다.

2 적응 단계: 풍선을 띄우고 떨어지기 전에 박수를 치고 받기, 두 번 치고 받기 등의 변형을 시도합니다. 이를 통해 아이의 눈-손 협응력과 순발력을 향상시킵니다.

3 도전 단계: 풍선을 띄우고 한 바퀴 돌아서 받기와 같은 도전적인 동작을 시도합니다. 난이도를 점차 높여 가며 아이의 집중력과 신체 조절 능력을 강화합니다.

아빠의 kick!

처음에는 기본적인 던지고 받기를 통해 아이가 놀이에 익숙해지도록 하고, 점차 난이도를 높입니다. 한 명 또는 두 명이 한 팀이 되어 종이컵 6개를 준비하고 풍선을 한 번 쳐서 띄워 올려 떨어지기 전 3층 종이컵 탑을 먼저 쌓는 사람이 승리하는 놀이로의 확장도 가능합니다.

풍선 클레이 사격

#거리 지각력 #타이밍 조절력 #운동 제어력 #상황 판단력 #신체 협응력 #민첩성 #순발력

풍선 클레이 사격은 올림픽의 클레이 사격에서 영감을 받은 놀이로 풍선과 백업(스티로폼 막대)을 활용하여 풍선을 명중시키는 놀이입니다. 이 놀이를 통해 아이들은 집중력과 반사 신경을 발달시킬 수 있습니다. 기본 놀이에서는 아빠가 풍선을 포물선을 그리며 던지면, 아이는 백업(스티로폼 막대)을 사용하여 풍선을 정확하게 맞춥니다. 난이도를 높이기 위해 양손 사격, 뒤돌아 사격과 같은 변형을 시도할 수 있습니다. 이 놀이를 통해 아이들은 손과 눈의 협응력, 집중력, 그리고 순발력을 향상시킬 수 있습니다. 다양한 난이도와 변형을 통해 놀이의 재미를 계속해서 느낄 수 있습니다.

 놀이 도구 풍선, 백업(스티로폼 막대)

 놀이 소개
풍선 클레이 사격은 아빠와 아이가 풍선을 던지고 백업(스티로폼 막대)으로 맞추는 놀이입니다. 이 놀이는 집중력과 반사 신경을 향상시키고, 눈-손 협응력과 순발력을 기르는 데 효과적입니다.

협력 놀이 | 가족 놀이

🐌 놀이 방법

1 준비 단계: 아빠가 포물선을 그리며 풍선을 던지면 아이는 백업(스티로폼 막대)을 사용하여 풍선을 맞춥니다. 풍선을 정확하게 맞추는 연습을 통해 기본적인 사격 능력을 기릅니다.

2 적응 단계: 난이도를 높이기 위해 양손에 백업(스티로폼 막대)을 들고 오른쪽과 왼쪽에서 동시에 날아오는 2개의 풍선을 연속으로 빠르게 던져 명중시킵니다. 이 과정을 통해 아이는 더 높은 수준의 집중력과 반사 신경을 발달시킬 수 있습니다.

3 도전 단계: 아이가 뒤로 돌아서 있다가 "하나, 둘, 셋" 신호와 함께 빠르게 뒤돌아 풍선의 위치를 파악해 명중시키는 놀이를 진행합니다. 이를 통해 순발력과 공간 인지력을 강화할 수 있습니다.

 **아빠의 kick!**

처음에는 기본적인 풍선 맞추기를 통해 아이가 놀이에 익숙해지도록 합니다. 점차 난이도를 높여 다양한 변형을 시도해 보세요. 예를 들어, 풍선을 더 높이 던지거나, 던지는 속도를 조절해 아이의 반응 속도와 몰입도를 극대화할 수 있습니다.

스틱을 지켜라!

#자세 안정성 #동작 협응력 #방향 전환력 #타이밍 조절력 #민첩성 #순발력 #운동 제어력

나이가 어린 동생도 함께 즐길 수 있는 스릴 넘치는 놀이입니다. 이 놀이는 신체 반사 신경과 협동심을 기르는 데 효과적이며 가족 모두가 참여할 수 있습니다. 각자의 백업(스티로폼 막대)을 세워 두고, 한 사람이 신호를 주면 모두가 자리에서 빠르게 이동하여 자신의 백업(스티로폼 막대)이 바닥에 쓰러지지 않도록 잡습니다. 신호를 점점 빠르게 또는 불규칙하게 주어서 난이도를 조절할 수 있습니다. 놀이를 통해 아이들은 신체 반사 신경과 균형 감각을 향상시키고, 협동심과 집중력을 기를 수 있습니다. 또한, 가족 모두가 함께 참여함으로써 유대감을 강화하고 즐거운 추억을 만들 수 있습니다.

🌀 놀이 도구 백업(스티로폼 막대)

✏️ 놀이 소개

백업(스티로폼 막대)을 지키는 간단한 규칙과 다양한 변형으로 나이가 어린 동생도 쉽게 참여할 수 있는 놀이입니다. 이 놀이는 신체 반사 신경과 균형 감각을 향상시키고, 협동심과 집중력을 기르는 데 효과적입니다.

놀이 방법

1 준비 단계: 각자의 백업(스티로폼 막대)을 세워 두고 두 명 이상이 마주보거나 삼각형, 원형 등 구도로 서서 준비합니다.

2 적응 단계: 신호에 맞춰 자리에서 빠르게 이동하여 백업(스티로폼 막대)이 쓰러지지 않도록 잡습니다. 천천히 신호를 주어 놀이에 익숙해지도록 합니다.

3 도전 단계: 신호를 점점 빠르게 또는 불규칙하게 주어 난이도를 높입니다. 백업(스티로폼 막대)을 교대하며 잡거나, 시간제한을 두고 경기를 하여 흥미를 높입니다.

 **아빠의 kick!**

처음에는 기본적인 규칙으로 놀이를 시작하고, 아이들이 익숙해지면 난이도를 높이기 위해 신호를 점점 빠르게 주거나 불규칙하게 주어 아이들의 반사 신경과 집중력을 극대화할 수 있습니다. 또한 팀을 나눠서 서로의 백업(스티로폼 막대)을 보호하는 방식으로 협동심을 키울 수 있습니다. 3인 이상이 놀이에 참여할 경우 삼각형 또는 원형 모양으로 자리하여 시계 또는 반시계 방향으로 돌아가며 같은 방향으로 움직여 충돌을 미연에 방지하고 안전한 놀이를 진행합니다.

아빠와 함께 커플 줄넘기

#순발력 #점프력 #리듬감 #동작 타이밍 #하체 근력 #균형 감각 #신체 협응력

줄넘기는 키 성장에 도움을 주는 대표적인 운동입니다. 특히 하체를 많이 사용하는 줄넘기는 전신의 발육 발달을 골고루 촉진시켜 주기 때문에 키 성장에 좋습니다. 줄넘기는 점프를 하고 내딛는 과정에서 성장판을 자극해 성장을 촉진하는 기능도 합니다. 혼자 하는 점프는 지루하기 마련이기에 아빠와 함께 재미난 커플 줄넘기로 키 성장을 촉진하고 지루함을 날릴 수 있습니다. 아이 혼자 줄넘기하기를 시작으로 아빠와 나란히 서서 "하나 둘 셋" 구령에 맞춰 함께 뛰기, 아빠와 마주보며 함께 뛰기처럼 다양한 형태로 줄넘기를 즐길 수 있습니다. 이 놀이는 아이의 신체 발달을 촉진하며, 협동심을 기르고 가족 간의 유대감을 강화하는 데 도움이 됩니다.

놀이 도구 줄넘기

놀이 소개

아빠와 함께 커플 줄넘기는 키 성장에 도움이 되는 줄넘기를 아빠와 함께 즐기며 지루함을 날릴 수 있는 놀이입니다. 아이 혼자 줄넘기를 시작으로, 아빠와 함께 나란히 서서 구령에 맞춰 줄넘기를 하거나 마주보고 줄넘기를 하며 다양한 형태로 놀이를 변형할 수 있습니다.

형격 놀이 가족 놀이

🐌 놀이 방법

1 **준비 단계:** 줄넘기를 준비하고, 먼저 아이가 혼자서 줄넘기를 하도록 하여 줄을 넘는 타이밍을 이해시켜 줍니다.

2 **적응 단계:** 아이가 혼자 줄넘기를 연습합니다. 처음에는 줄넘기 횟수를 점차 늘려 가며 기본 동작에 익숙해지도록 합니다.

3 **도전 단계:** 아빠와 아이가 나란히 서서 구령에 맞춰 함께 줄넘기를 합니다. 이후 마주보고 함께 줄넘기를 하며 난이도를 높이고, 재미를 더할 수 있습니다.

 **아빠의 kick!**

처음에는 아이가 혼자 줄넘기에 익숙해지도록 도와주고, 점차 함께 줄넘기를 시도합니다. 한 번에 많은 횟수를 도전하기보다는 3번 넘기를 시작으로 5번, 10번, 20번과 같이 단계별 미션 클리어 형태로 진행을 하면 아이에게 성취감을 줄 수 있고, 아빠와 함께 줄넘기 놀이에 대한 몰입도와 집중도는 더욱 높아질 수 있습니다.

공 빙고

#눈-손 협응력 #던지기 정확성 #거리 지각력 #힘 조절력 #방향 조절력 #소근육 조절력

공 빙고는 마트에서 계란이나 과일을 구매하고 남은 판을 활용해 즐길 수 있는 재미난 빙고 놀이입니다. 이 놀이를 통해 아이는 집중력과 신체 조절 능력을 향상시키고, 승부욕을 자극할 수 있습니다. 가위바위보를 해 순서를 정한 후, 한 번의 바운드를 거쳐 판 위에 공을 안착시키는 방식으로 진행됩니다. 가장 먼저 가로, 세로, 대각선으로 한 줄을 완성하는 사람이 승리합니다. 이 놀이로 온 가족이 함께 실내에서도 즐겁게 신체 활동을 할 수 있습니다.

놀이 도구
계란판, 탁구공

놀이 소개
공 빙고는 계란판이나 과일 판을 활용하여 공을 한 번의 바운드를 거쳐 안착시키는 빙고 놀이입니다. 가로, 세로, 대각선 중 가장 먼저 한 줄을 완성하는 사람이 승리합니다. 이 놀이는 아이의 집중력과 신체 조절 능력을 기르는 데 효과적입니다.

놀이 방법

1 준비 단계: 계란판이나 과일 판을 준비하고, 공 여러 개를 준비합니다. 가위바위보를 해 순서를 정합니다.

2 적응 단계: 각자 한 번의 바운드를 거쳐 공을 판 위에 안착시키는 연습을 합니다. 처음에는 단순히 공을 안착시키는 데 익숙해지도록 합니다.

3 도전 단계: 놀이에 익숙해지면 빙고 규칙을 적용하여 가로, 세로, 대각선 중 한 줄을 먼저 완성하는 사람이 승리하는 방식으로 진행합니다.

 아빠의 kick!

처음에는 간단한 주고받기 연습을 통해 아이가 놀이에 익숙해지도록 도와주세요. 처음에는 원 바운드로 시작해, 빙고 판과 플레이어의 거리를 점차 멀리 하면서 투 바운드로 넣어 빙고를 완성시키는 놀이로 레벨 업이 가능합니다.

컵 탁구

#힘 조절력 #반응 속도 #동작 정확성 #방향 제어력 #민첩성 #예측 타이밍 #눈-손 협응력

컵 탁구는 아빠와 아이가 테이블에서 서로 마주보고 진행하는 놀이로 종이컵과 탁구공을 활용하여 랠리를 주고받는 활동입니다. 이 놀이를 통해 아이는 손과 눈의 협응력을 발달시키고, 탁구공의 움직임에 집중하면서 몰입감을 경험할 수 있습니다. 컵을 사용함으로써 탁구채보다 다루기 쉽고, 탁구공의 속도도 상대적으로 느려서 놀이의 난이도를 아이의 능력에 맞게 조절할 수 있습니다. 이 놀이는 신체적인 활동뿐만 아니라 집중력과 반사 신경을 향상시키는 데도 매우 유익합니다.

놀이 도구
종이컵, 탁구공

놀이 소개
컵 탁구는 아빠와 아이가 테이블에서 종이컵과 탁구공을 사용해 랠리를 주고받는 간단하면서도 즐거운 놀이입니다. 이 놀이는 아이의 집중력과 몰입감을 높이고, 손과 눈의 협응력, 반사 신경을 발달시키는 데 효과적입니다.

협력 놀이 | 가족 놀이

🐌 놀이 방법

1 준비 단계: 아빠와 아이는 각각 종이컵을 손에 들고 테이블 양쪽에 마주보고 섭니다. 탁구공을 준비합니다.

2 적응 단계: 아빠나 아이 중 한 명이 컵으로 탁구공을 살짝 튕겨 상대방에게 보냅니다. 상대방은 자신의 컵을 사용해 탁구공을 되돌려 보냅니다. 처음에는 천천히 진행해 아이가 공의 움직임과 컵 사용에 익숙해지도록 합니다.

3 도전 단계: 놀이에 익숙해지면 랠리 속도를 조금씩 높이고, 공이 테이블 밖으로 떨어지지 않도록 집중합니다. 놀이의 난이도를 높이기 위해 컵의 크기를 바꾸거나, 탁구공 대신 다른 크기의 공을 사용하는 등 다양한 변형을 시도합니다.

 **아빠의 Kick!**

★ **난이도 조절:** 놀이에 익숙해지면 컵의 크기를 작게 바꾸거나 공의 크기와 무게를 조절해 난이도를 점차 높여 주세요. 작은 컵을 사용하면 더 정교한 눈-손 협응력이 필요하며, 이는 아이의 집중력과 조절 능력을 더욱 향상시키는 데 도움이 됩니다. 다양한 크기의 공을 시도하면서 아이가 각 상황에 맞게 조절하는 능력을 키울 수 있도록 합니다.

★ **기록 도전:** 시간을 정해 랠리를 성공적으로 몇 번 주고받았는지 기록해 보세요. 기록을 세우거나 목표 횟수를 정해 도전하는 방식으로 놀이에 흥미를 더할 수 있습니다. 또한 가족 간에 팀을 이루어 서로 경쟁하면서 협동심과 친밀감을 높일 수 있습니다.

컵 캐치볼 ②

#타이밍 조절력 #집중력 #상호 협력 #동작 정확성 #소근육 조절력 #민첩성 #순발력

컵 캐치볼 ②는 테이블에서 아빠와 아이가 서로 마주보고 진행하는 놀이로, 다양한 크기의 컵을 활용하여 아이의 집중력과 신체 조절 능력을 향상시키는 활동입니다. 이 놀이에서 아빠는 다양한 높이와 각도로 공을 튕겨 주고, 아이는 컵을 사용해 공을 정확하게 받아 내는 것을 목표로 합니다. 공이 컵 안에 정확히 들어가도록 하려면 아이는 손과 눈의 협응력을 발휘해야 하며, 공의 움직임을 잘 읽고 반응하는 능력을 기르게 됩니다.

놀이 도구 다양한 크기의 종이컵(또는 플라스틱 용기), 탁구공

놀이 소개
컵 캐치볼 ②는 아빠가 테이블 위에서 공을 튕겨 주면 아이가 컵을 사용해 공을 정확하게 받아 내는 놀이입니다. 이 놀이는 아이의 집중력과 신체 조절 능력을 향상시키며, 손과 눈의 협응력과 반사 신경을 강화하는 데 도움을 줍니다.

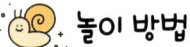 **놀이 방법**

1 준비 단계: 아빠와 아이는 각각 테이블 양쪽에 서서 마주봅니다. 공과 다양한 크기의 컵을 준비합니다.

2 적응 단계: 아빠가 공을 천천히 튕겨 주고 아이는 컵을 사용해 공을 받아 냅니다. 처음에는 낮은 높이에서 시작해 아이가 공의 움직임에 익숙해지도록 합니다.

3 도전 단계: 아빠가 공을 더 높이, 더 빠르게, 또는 다양한 각도로 튕겨 주어 난이도를 높입니다. 또한 한 번에 2개의 공을 튕겨 아이가 동시에 받아 내도록 하거나, 컵의 크기를 작게 바꿔 도전할 수도 있습니다.

 **아빠의 kick!**

★ **경쟁 요소 추가:** 아이와 작은 경쟁을 통해 흥미를 더해 보세요. 예를 들어, 아빠와 아이가 번갈아 공을 튕겨 서로 더 많이 컵에 넣는 경기를 할 수 있습니다. 승패보다는 도전하는 과정을 즐기며 집중력을 기를 수 있도록 지도해 주세요.

★ **다양한 공간 활용:** 테이블뿐만 아니라 바닥이나 소파 같은 다양한 장소에서도 이 놀이를 시도해 보세요. 공이 튀는 표면이 달라지면 아이가 적응해야 할 새로운 요소가 생기며, 이를 통해 신체 조절 능력을 더욱 발전시킬 수 있습니다.

신문지 위에 버티기

#균형 유지력 #근지구력 #코어 안정성 #정적 균형감 #신체 협응력 #자세 인지력

신문지 위에 버티기는 아빠와 아이가 함께 신문지 위에 올라가 정해진 시간 동안 균형을 유지하며 버티는 놀이입니다. 이 놀이는 아이의 공간 지각 능력과 균형 감각을 향상시키며, 규칙을 지키는 법을 자연스럽게 배울 수 있도록 돕습니다. 신문지가 점점 작아지면서 아이는 신체 조절 능력과 협력의 중요성을 깨닫게 됩니다. 이 과정에서 신체의 무게 중심을 조절하고, 좁은 공간을 효율적으로 활용하는 능력을 기르게 됩니다.

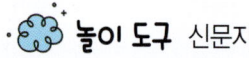 놀이 도구 신문지

🖍️ 놀이 소개

신문지 위에 버티기는 아빠와 아이가 함께 신문지 위에 올라가 일정 시간 동안 균형을 잡고 버티는 놀이입니다. 신문지를 반으로 접어 가며 점점 좁아지는 공간에서 버티기를 반복하는 과정에서 아이는 균형 감각과 신체 조절 능력을 발달시킬 수 있습니다.

놀이 방법

1 **준비 단계:** 아빠와 아이는 신문지를 펼쳐 바닥에 놓고 함께 올라갑니다. 첫 번째 단계에서는 신문지 위에서 5초에서 7초 정도를 정해진 시간 동안 버텨 봅니다.

2 **적응 단계:** 시간이 경과하면 신문지를 반으로 접어 공간을 좁히고, 다시 그 위에 올라가 같은 시간 동안 버팁니다. 신문지를 접을 때마다 점점 더 좁은 공간에서 균형을 잡아야 하므로, 놀이를 통해 아이의 공간 지각 능력과 균형 감각이 향상됩니다.

3 **도전 단계:** 신문지를 계속해서 반으로 접어 가며 가장 작은 면적의 신문지 위에서 오래 버티는 도전을 합니다. 이 단계에서는 아이가 신체를 더욱 효율적으로 사용해야 하며, 더 좁은 공간에서 아빠와 협력하는 방법을 배울 수 있습니다.

아빠의 kick!

★ **공간의 변화를 즐기기:** 신문지를 반으로 접을 때마다 "이번에는 더 좁아졌어. 어떻게 하면 안 떨어질까?"라는 식으로 아이의 호기심을 자극하세요. 놀이 중 공간이 줄어드는 과정을 즐겁게 느낄 수 있도록 도와줍니다.

★ **도전 의식 자극:** "이번에는 조금 더 오래 버텨 볼까?" 같은 작은 도전을 제안해 아이가 더욱 집중할 수 있도록 유도하세요. 도전을 성공할 때마다 칭찬과 격려를 통해 성취감을 느끼게 합니다.

콩주머니 놀이 종합세트

#거리 지각력 #타이밍 조절력 #운동 제어력 #상황 판단력 #신체 협응력 #민첩성 #순발력

콩주머니 놀이 종합세트는 간단한 콩주머니 하나로도 집에서 다양한 놀이를 즐길 수 있는 활동입니다. 이 놀이는 아이의 손과 눈의 협응력, 집중력, 민첩성, 그리고 순발력을 종합적으로 발달시키는 데 효과적입니다. 콩주머니를 활용한 여러 가지 놀이를 통해 아이는 신체의 다양한 부위를 사용하는 다양한 활동을 경험할 수 있습니다. 간단한 도구와 규칙으로 언제 어디서나 가족과 함께 즐길 수 있는 이 놀이는 아이에게 신체적, 정신적 발달의 기회를 제공합니다.

놀이 도구 콩주머니(콩주머니가 없다면 양말 뭉치로 변형 가능)

놀이 소개

콩주머니 놀이 종합세트는 콩주머니 하나만으로도 여러 가지 놀이를 즐길 수 있는 종합적인 활동입니다. 이 놀이를 통해 아이는 손과 눈의 협응력, 집중력, 민첩성, 순발력을 발달시키고, 다양한 신체 조절 능력을 기를 수 있습니다.

 **놀이 방법**

1. **준비 단계:** 아이가 콩주머니를 공중으로 던져서 땅에 떨어뜨리지 않고 받는 놀이입니다.

2. **적응 단계:** 아빠와 아이가 마주 보고 서서 콩주머니를 주고받는 놀이입니다. 아빠가 콩주머니를 던지면 아이는 그것을 받아 다시 아빠에게 던집니다. 익숙해지면 아빠와 아이가 동시에 서로에게 콩주머니를 던져 주고받는 놀이로 단계 업을 합니다.

3. **도전 단계:** 엄마, 아빠가 어릴 적 즐기던 콩주머니 공기놀이를 아이와 함께 하는 놀이입니다. 손가락으로 콩주머니를 공중으로 튕겨 올려 다시 잡는 방식입니다.

 **아빠의 kick!**

★ **놀이의 변형과 도전 요소 추가:** 각 놀이에 다양한 변형을 시도해 보세요. 예를 들어, 콩주머니 주고받기에서 한 발로 서서 주고받기, 눈을 감고 받기 등의 변형을 통해 놀이의 난이도를 높일 수 있습니다. 아이가 도전에 성공할 때마다 작은 칭찬을 통해 성취감을 느끼게 해 주세요.

★ **협력 강조:** 놀이 중 아빠와 아이가 협력할 수 있도록 유도하세요. 서로의 콩주머니를 잡는 동작에서 협동의 중요성을 배우고, 놀이를 통해 자연스럽게 소통 능력도 기를 수 있습니다.

책 도미노

#집중력 #공간 지각력 #성취감 #스트레스 해소 #신체 기동성

책 도미노는 집에 있는 다양한 크기와 모양의 책을 활용해 도미노처럼 세운 후, 작은 공을 던져 첫 번째 책을 맞추어 도미노가 쓰러지게 하는 스릴 넘치는 놀이입니다. 이 놀이는 아이의 집중력 및 손과 눈의 협응력을 발달시키며, 책을 배치하는 과정에서 창의력과 문제 해결 능력도 향상시킬 수 있습니다. 공을 던져 책을 쓰러뜨릴 때의 성취감은 놀이의 재미를 더하며 다양한 변형과 난이도 조절을 통해 더욱 흥미롭게 즐길 수 있습니다. 책 도미노를 설계하고 배치하는 과정에서 아이의 창의력이 자극됩니다.

 놀이 도구 다양한 크기와 두께의 책, 다양한 크기의 공

놀이 소개

책 도미노는 책을 차례대로 도미노처럼 세워서 공을 던져 쓰러뜨리는 놀이입니다. 책의 크기와 모양을 다양하게 사용해 도미노 패턴을 설계하고, 공을 던져 첫 번째 책을 맞추면 책들이 차례로 쓰러지는 모습을 통해 성취감과 재미를 느낄 수 있습니다. 난이도를 조절하고 다양한 변형을 추가하여 더욱 도전적인 놀이로 발전시킬 수 있습니다.

🐌 놀이 방법

1 **준비 단계:** 아이와 함께 다양한 크기와 모양의 책을 도미노처럼 세웁니다. 책의 높이와 크기를 다르게 하여 더 복잡하고 흥미로운 도미노 라인을 만듭니다.

2 **적응 단계:** 공을 던지기 위한 준비로, 공을 책에서 1m 정도 떨어진 곳에 놓습니다. 던질 거리는 아이의 능력에 맞게 설정합니다. 처음에는 가까운 거리에서 시작하여 공을 던지는 힘과 정확도를 연습합니다. 거리를 점차 멀리 하여 2m, 3m 등으로 난이도를 높입니다.

3 **도전 단계:** 손 대신 발로 공을 차서 첫 번째 책을 맞추는 방식으로 놀이를 변형할 수 있습니다. 발로 차는 경우 더 많은 힘 조절이 필요하며 놀이가 더욱 도전적이 됩니다.

 **아빠의 kick!**

지그재그, 원형 외에도 다양한 도미노 패턴을 설계하고, 도미노가 쓰러지는 경로에 경사로나 장애물을 추가해 더욱 복잡한 도전을 할 수 있습니다.

스피드 컵 탑 쌓기

#눈-손 협응력 #미세 근육 제어력 #양손 협응력 #공간 지각력 #자세 안정성 #순발력

스피드 컵 탑 쌓기 놀이는 집에 있는 다양한 크기와 컬러의 컵을 활용해 빠르게 탑을 쌓는 도전적인 활동입니다. 이 놀이를 통해 아이는 집중력과 눈-손 협응력을 기르고, 손과 팔의 소근육을 발달시킬 수 있습니다. 또한, 컵을 쌓는 과정에서 문제 해결 능력과 순발력도 함께 발달시킬 수 있습니다. 컵의 크기와 순서를 고려해 탑을 쌓는 과정은 아이의 인지적 능력을 자극하며 놀이를 통해 성취감과 자신감을 얻을 수 있습니다.

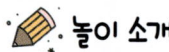 **놀이 도구** 나무젓가락, 음료수 병뚜껑, 다양한 크기의 컵(종이컵, 플라스틱 컵 등)

놀이 소개
스피드 컵 탑 쌓기 놀이는 빠르고 정확하게 컵을 쌓아 높은 탑을 만드는 활동입니다. 다양한 크기의 컵을 사용해 변형된 놀이 방식으로 난이도를 조절할 수 있으며, 아이의 집중력과 눈-손 협응력 발달에 큰 도움을 줍니다. 나무젓가락 끝에 병뚜껑을 부착해 만든 라켓을 사용하여 놀이의 난이도를 높일 수 있습니다.

놀이 방법

1 준비 단계: 아빠와 아이는 각자 준비된 다양한 크기와 재질의 컵을 가지고 자리에 앉습니다. 컵을 쌓는 공간을 충분히 확보한 뒤 컵 탑 쌓기를 시작할 준비를 합니다. 기본적으로 컵을 하나씩 쌓아 가며 높은 탑을 만드는 연습을 합니다. 빠르고 정확하게 쌓는 것이 첫 번째 목표입니다.

2 적응 단계: 기본적으로 컵을 하나씩 쌓아 가며 높은 탑을 만드는 연습을 마스터하면, 이제 4개-3개-2개-1개 기본 탑 쌓기를 시작으로 컵에 컵의 높이를 더 높여 갑니다.

3 도전 단계: 놀이에 익숙해지면 다양한 색깔의 컵을 활용해 1층에는 빨강, 2층에는 파랑, 3층에는 노랑과 같이 층별 색깔을 구분하여 쌓기, 아빠와 라켓 하나하나를 나누어 가지고 함께 합심하여 이동하여 쌓기로 변형 가능합니다.

 아빠의 kick!

- ★ **균형 감각 연습:** 컵을 쌓을 때 무너지지 않도록 균형을 유지하는 방법을 알려 주고, 아이가 신중하게 컵의 배치를 고려하도록 도와줍니다.
- ★ **실패를 격려하고 재도전:** 놀이 중 컵이 무너져도 괜찮다고 격려해 주세요. 실패를 통해 배우는 과정을 긍정적으로 받아들이고 아이가 재도전할 수 있는 자신감을 심어 줍니다.

도깨비 숫자 방망이

#시각적 기억력 #순간 반응력 #시각-운동 통합 #패턴 인식력 #집중력

도깨비 숫자 방망이는 음료수 병뚜껑과 막대를 활용해 숫자를 빠르게 인식하고 문제를 해결하는 능력을 동시에 발달시키는 놀이입니다. 병뚜껑 안에 1~20까지의 숫자를 적어 동그란 막대에 부착시켜 줍니다. 숫자를 찾아내는 다양한 미션을 통해 아이는 숫자 인지력, 순발력, 그리고 집중력을 키우며 수학적 사고력을 자연스럽게 향상시킬 수 있습니다. 제한된 시간 안에 미션을 해결하는 방식으로 놀이의 흥미를 더욱 높일 수 있습니다.

놀이 도구 음료수 병뚜껑(20개), 긴 막대(플라스틱 또는 나무), 초시계, 양면테이프

놀이 소개

음료수 병뚜껑에 1부터 20까지의 숫자를 적어 랜덤하게 막대에 부착한 후 아이가 미션에 맞게 빠르게 숫자를 찾아내는 놀이입니다. 숫자 미션은 홀수, 짝수, 숫자 순서 찾기 등 다양한 방식으로 변형할 수 있으며, 아이의 수학적 사고력과 집중력을 발달시키는 데 효과적입니다.

놀이 방법

1 준비 단계: 음료수 병뚜껑 안쪽에 1부터 20까지의 숫자를 적고 병뚜껑을 막대에 랜덤하게 부착합니다. 이때 양면테이프나 글루건을 사용해 병뚜껑을 고정합니다.

2 적응 단계: 아빠가 간단한 미션(예: "홀수 찾기")을 주고, 아이는 병뚜껑에 적힌 숫자를 빠르게 찾아 부릅니다. 미션을 간단하게 설정해 숫자 찾기에 익숙해지도록 합니다.

3 도전 단계: 타이머를 사용해 제한된 시간 내에 미션을 수행하도록 합니다. 예를 들어, "짝수 중에서 10 이상 숫자만 찾기"와 같은 복잡한 미션을 설정해 난이도를 높이며, 숫자 범위를 1부터 50까지 확장해 더욱 도전적인 놀이를 진행합니다.

아빠의 kick!

숫자 범위를 1부터 50까지 확장하거나, "짝수 중에서 20 이상의 숫자만 찾기"처럼 특정 조건을 추가해 놀이의 난이도를 높이세요. 이를 통해 아이는 더 복잡한 문제 해결 능력을 키울 수 있습니다.

날아라 큐브

#눈-손 협응력 #미세 근육 제어력 #양손 협응력 #공간 지각력 #자세 안정성 #민첩성 #순발력

날아라 큐브는 큐브 블록을 공중에 띄워 다른 손에 든 종이컵 안으로 캐치하는 도전적인 놀이입니다. 이 활동을 통해 아이는 양손 협응력과 공간 감각을 향상시키는 동시에 손과 눈의 협응력, 집중력, 거리와 높이 감각을 동시에 발달시킬 수 있습니다. 큐브를 잡는 과정에서 신속한 판단과 손의 정교한 조작이 필요하며, 성공적으로 큐브를 캐치할 때 성취감을 느낄 수 있습니다.

놀이 도구 큐브 블록 5개, 종이컵 6개(5개는 큐브를 올려 두기 위한 컵, 나머지 1개는 큐브를 잡기 위한 캐치용 컵)

놀이 소개
날아라 큐브 놀이는 큐브 블록을 한 손으로 공중에 띄운 후 다른 손에 든 종이컵 안으로 큐브를 잡아내는 활동입니다. 공중에서 빠르게 움직이는 큐브를 잡아내기 위해서는 집중력과 손 조절 능력이 필요하며, 다양한 변형을 통해 놀이의 난이도를 조절할 수 있습니다.

협력 놀이 가족 놀이

🐌 놀이 방법

1 준비 단계: 테이블 위에 종이컵 5개를 거꾸로 놓고 각 컵 위에 큐브 블록을 하나씩 올려 둡니다. 다른 손에는 큐브를 잡을 캐치용 종이컵을 들고 준비합니다. 큐브가 올려진 종이컵을 한 손으로 살짝 들어 올려 큐브를 공중에 띄우고, 반대 손에 들고 있는 종이컵으로 큐브를 잡는 연습을 합니다.

2 적응 단계: 처음에는 천천히 시작하여 큐브를 낮게 띄우는 데 집중합니다. 점차 익숙해지면 띄우는 높이를 점차 높여 갑니다.

3 도전 단계: 모든 큐브를 차례대로 성공적으로 잡아내는 것을 목표로 하며, 높이와 속도를 조절하여 난이도를 높일 수 있습니다.

아빠의 kick!

양손을 번갈아 사용해 큐브를 띄우고 잡는 방식으로 놀이를 변형할 수 있습니다. 한 손으로 큐브를 띄우고, 다른 손으로 큐브를 잡는 과정을 통해 양손 협응력을 더욱 강화할 수 있습니다.

지그재그 컵 레이스

#호흡 조절력 #거리 지각력 #움직임 제어력 #집중력 #심폐 지구력 #순발력

지그재그 컵 레이스는 빨대와 종이컵을 이용해 폐활량과 집중력을 발달시키는 놀이입니다. 마스킹 테이프로 설정된 지그재그 경로를 따라 종이컵을 빨대를 이용해 바람으로 이동시키는 과정에서 손과 눈의 협응력을 기르고, 문제 해결 능력과 전략적 사고를 동시에 발달시킵니다. 이 놀이는 아이들에게 호흡을 조절하는 능력을 길러 주며, 정교한 움직임과 집중력이 요구되므로 전반적인 신체적, 정신적 성장을 도울 수 있습니다.

놀이 도구
마스킹 테이프, 다양한 크기 종이컵, 다양한 굵기 빨대

놀이 소개
지그재그 컵 레이스는 빨대를 이용해 공기를 불어넣어 종이컵을 지그재그 경로로 이동시키는 놀이입니다. 단순한 바람 불기 활동이지만 경로를 따라 정확하게 컵을 이동시키기 위해서는 집중력과 손의 협응력이 필요합니다. 적은 바람으로도 컵을 멀리 이동시키기 위해 폐활량이 발달하며, 경로를 벗어나지 않도록 세심한 조절이 요구되므로 아이의 문제 해결 능력도 함께 향상됩니다.

놀이 방법

1 준비 단계: 테이블이나 바닥에 마스킹 테이프로 지그재그 경로를 설정합니다. 종이컵과 빨대를 아이 수에 맞춰 준비합니다. 아이들은 각자의 종이컵을 출발선에 놓고 준비합니다.

2 적응 단계: 경로를 벗어나지 않고 컵을 부드럽게 이동시키는 연습을 진행하며, 컵이 경로를 지나가도록 공기의 양과 각도를 조절하는 방법을 익힙니다.

3 도전 단계: 빨대를 불 수 있는 횟수를 제한하여 컵을 도착점까지 최대한 적은 횟수로 이동시키는 방식으로 진행합니다. 놀이에 익숙해지면 타이머를 설정해 제한된 시간 안에 컵을 얼마나 빠르게 도착점에 도달하게 할 수 있는지 겨루는 방식으로 놀이를 변형할 수 있습니다

아빠의 kick!

경로를 직선에서 곡선으로 점점 더 복잡하게 만들어 난이도를 높일 수 있습니다. 경로가 복잡해질수록 컵을 이동시키는 데 더 많은 조절이 필요하며, 이를 통해 아이는 성취감을 더 크게 느낄 수 있습니다. 두 명 이상이 번갈아가며 컵을 이동시키는 팀플레이 방식으로 놀이를 진행해 보세요. 한 명이 컵을 중간까지 이동시키면 다른 한 명이 나머지 구간을 이어서 도전하도록 협력하는 놀이를 통해 협동심을 키울 수 있습니다.

컵 컬링

#공간 지각력 #전신 협응력 #민첩성 #순발력 #동작 정확성

컵 컬링은 종이컵과 골프공을 이용해 간단한 방식으로 컬링의 원리를 체험할 수 있는 놀이입니다. 컵 안에 골프공을 넣고 컵을 밀어 중앙에 가장 가깝게 위치시키는 것이 목표로, 적절한 힘 조절과 전략적 사고가 요구됩니다. 이 놀이는 집중력과 손의 정밀한 조작 능력을 기르고, 상대방과의 경쟁에서 승리하기 위한 전략적 사고를 발달시킵니다. 또한 팀전으로 진행하면 협동심도 기를 수 있어 신체적·정신적 발달에 매우 유익한 활동입니다.

놀이 도구
마스킹 테이프, 종이컵, 골프공

놀이 소개
컵 컬링 놀이는 종이컵 안에 골프공을 넣고 컵을 미는 방식으로 진행됩니다. 골프공의 운동 에너지를 이용해 컵을 적절한 속도로 밀어 중앙에 가까운 위치에 배치하는 것이 목표입니다. 이 과정에서 아이들은 집중력과 손의 조절 능력을 발휘하며, 상대방과의 경쟁에서 승리하기 위한 전략적 사고를 함께 기르게 됩니다.

협력 놀이 · 가족 놀이

🐌 놀이 방법

1 준비 단계: 평평한 바닥이나 테이블에 마스킹 테이프를 이용해 출발점과 도착점을 설정합니다. 도착점에는 원형 또는 사각형 구역을 만들어 각 구역에 점수를 부여합니다. 종이컵 안에 골프공을 넣어 각 참여자가 준비합니다. 종이컵은 골프공이 들어가면서 더욱 굴러가기 쉬워지며, 이는 컵을 밀 때 운동 에너지를 생성하게 만듭니다.

2 적응 단계: 출발점에서 각 참여자는 적절한 힘으로 종이컵을 밀어 중앙에 가깝게 위치시키는 것을 연습합니다. 컵이 도착점 중앙에 가깝게 위치하도록 유도하며, 중앙에 가까울수록 더 높은 점수를 얻는 방식으로 놀이가 진행됩니다.

3 도전 단계: 적절한 힘 조절을 익힌 후에는 상대방의 컵을 밀어내거나 중앙에서 더 멀리 보내는 전략을 추가합니다. 이는 적절한 각도와 힘 조절을 필요로 하며, 상대방의 컵을 목표에서 멀리 보내기 위해 집중력과 전략적 사고가 필요합니다.

아빠의 kick!

아이가 상대방의 컵을 밀어내는 전략을 시도하게 하여, 단순히 자신의 컵을 이동시키는 것뿐만 아니라 상대방의 움직임도 고려한 전략적 사고를 기를 수 있도록 유도합니다. 이 과정에서 컵을 밀어내는 각도와 힘을 계산하는 재미를 느낄 수 있습니다. 중앙에 가까운 점수 구역을 더욱 작게 만들거나, 중앙에 도달하지 못하면 점수를 얻지 못하는 방식으로 난이도를 높입니다.

공치기 놀이

#공간 지각력 #전신 협응력 #민첩성 #순발력 #동작 정확성

공치기 놀이는 엄마, 아빠의 어릴 적 전통 놀이인 구슬치기에서 착안한 놀이로 간단하면서도 손의 힘 조절과 집중력이 요구되는 재미있는 활동입니다. 아이는 공을 굴려 테이블 끝에 놓인 다른 공을 맞추고 테이블 밖으로 떨어뜨리는 것이 목표로, 공을 굴리는 과정에서 힘 조절과 전략적 사고를 발달시킬 수 있습니다. 또한 집중력을 요구하는 이 놀이를 통해 아이는 손과 눈의 협응력을 향상시키며 더욱 흥미로운 도전을 경험하게 됩니다.

놀이 도구
다양한 크기의 공 여러 개, 컬링 컵(종이컵 안에 볼링공을 넣어 줌)

놀이 소개
공치기 놀이는 테이블 끝에 모아 둔 공을 차례대로 굴려서 맞추고, 테이블 밖으로 제거하는 방식으로 진행됩니다. 참여자는 힘과 전략을 사용하여 공을 최대한 많이 테이블 밖으로 떨어뜨려 승리를 쟁취하게 됩니다. 공을 굴리는 과정에서 힘 조절과 정확한 타격을 발휘하며, 손과 눈의 협응력을 기를 수 있는 놀이입니다.

형력 놀이 | 가족 놀이

🐌 놀이 방법

1 **준비 단계:** 테이블 끝에 작은 공들을 모아 두고 서로 가까이 붙여 배치합니다. 참여자는 테이블 반대편에 앉아 공을 굴릴 준비를 합니다.

2 **적응 단계:** 놀이에 참여하는 사람들이 순서대로 공을 굴려 테이블 끝에 모인 공을 맞추고 밖으로 떨어뜨리는 도전을 시작합니다. 적절한 힘으로 공을 굴려 여러 공을 한 번에 맞출 수 있는 위치와 힘을 선택해야 합니다. 지나치게 강한 힘은 타격을 어렵게 만들고, 너무 약한 힘은 공을 제거하지 못하므로 힘 조절이 중요합니다.

3 **도전 단계:** 기본 놀이를 더욱 재미있고 전략적으로 만들기 위해 컬링 컵을 활용할 수 있습니다. 종이컵 안에 골프공을 넣고 굴려 테이블 끝의 공을 맞추고 제거하는 방식으로 진행됩니다. 컬링 컵은 더 무거우므로 더 많은 조정력과 집중력을 요구하게 됩니다.

 **아빠의 kick!**

여러 공을 한 번에 맞추기 위한 전략적 타격을 가르쳐 줍니다. 가운데 위치를 타격해 여러 공이 테이블 밖으로 나가도록 유도하면 아이는 타격의 각도와 힘을 고려하는 법을 배웁니다.

컵 티키타카

#민첩성 #신체 협응력 #복합 예측력 #예측적 사고력 #집중력 #반응 속도

컵 티키타카는 두 사람이 종이컵을 사용해 공을 주고받으며 손과 눈의 협응력과 반사 신경을 발달시키는 놀이입니다. 축구의 티키타카 패스 플레이처럼 빠르게 공을 주고받으며 아이들은 집중력과 순발력을 기를 수 있습니다. 공을 빠르고 정확하게 주고받기 위해서는 협동심이 필요하며, 다양한 변형과 난이도를 통해 흥미로운 도전을 제공할 수 있습니다.

 놀이 도구 종이컵 4개, 작은 공 2개

놀이 소개

컵 티키타카는 두 사람이 테이블에 마주보고 앉아 종이컵으로 공을 주고받는 놀이입니다. 공을 굴리고 덮는 과정을 통해 손과 눈의 협응력, 반사 신경, 그리고 집중력을 기를 수 있으며, 점차 빠른 속도로 공을 주고받는 도전적인 변형을 추가할 수 있습니다.

놀이 방법

1 준비 단계: 두 사람이 테이블에서 마주보고 각각 양손에 종이컵을 들고 준비합니다.

2 적응 단계: 한 사람이 종이컵으로 공을 굴려 주고, 다른 사람이 그 공을 종이컵으로 덮어 잡습니다. 이 과정을 빠르게 반복하며 공을 주고받는 것이 놀이의 기본 원리입니다. 천천히 시작해 공의 속도와 방향을 파악하고, 손의 협응력을 연습합니다.

3 도전 단계(오른손/왼손만 사용하기): 오른손이나 왼손만 사용해 공을 주고받는 규칙을 추가하여 한 손만 사용해 반사 신경과 협응력을 훈련합니다. 서로 교차하여 공을 굴리며, 공을 반대 손으로 받도록 공의 경로를 바꿔 더 복잡한 방식으로 진행합니다. 이 도전에서는 손과 눈의 협응력뿐만 아니라 방향 전환 능력도 필요합니다.

아빠의 kick!

두 사람 사이의 거리를 더 멀리 두어 공을 주고받는 난이도를 높일 수 있습니다. 거리가 멀어질수록 더 많은 힘 조절과 집중력이 필요합니다. 공을 놓쳤을 때마다 실수를 카운트해 더 적은 실수를 한 사람이 이기는 방식으로 경쟁 요소를 추가할 수 있습니다.

슈팅 놀이

#전략적 판단력 #거리 예측력 #문제 해결력 #집중력 #힘 조절력 #민첩성

슈팅 놀이는 테이블 끝에 배치된 작은 공을 손가락으로 빠르게 제거하는 경쟁 놀이입니다. 손과 눈의 협응력을 극대화하며, 아이들은 공을 쳐 정확하게 테이블 밖으로 보내는 과정에서 집중력과 문제 해결 능력을 기를 수 있습니다. 간단한 규칙으로 쉽게 시작할 수 있지만 다양한 변형을 통해 놀이의 난이도를 조절하여 더욱 도전적이고 흥미롭게 즐길 수 있습니다.

놀이 도구
다양한 크기의 공(탁구공, 볼풀공), 음료수 병뚜껑

놀이 소개
슈팅 놀이는 테이블 끝에 배치된 작은 공을 손가락으로 쳐서 테이블 밖으로 제거하는 놀이입니다. 정해진 횟수 안에 누가 더 많은 공을 제거할 수 있는지 경쟁하는 방식이며, 병뚜껑을 사용한 변형 놀이를 통해 정교한 조절 능력과 집중력을 향상시킬 수 있습니다.

협력 놀이 **가족 놀이**

🐌 놀이 방법

1 **준비 단계:** 테이블 끝에 작은 공을 여러 개 배치합니다. 공들은 테이블 가장자리에 일렬로 놓습니다. 각 참여자는 테이블 반대편의 시작 위치에 서서 공을 쳐 테이블 밖으로 보내는 준비를 합니다.

2 **적응 단계:** 참여자는 제한된 횟수 내에 손가락으로 공을 쳐서 테이블 밖으로 보내는 것이 목표입니다. 제한된 횟수(예: 5번) 안에 누가 더 많은 공을 제거할 수 있는지 경쟁합니다. 손가락의 힘을 조절해 공이 정확하게 테이블 밖으로 나가도록 연습합니다. 처음에는 천천히 시작하여 공의 반응을 파악하고, 점차 공을 더 많이 제거하는 방식으로 적응합니다.

3 **도전 단계:** 병뚜껑을 사용해 공을 제거하는 방식으로 난이도를 높입니다. 병뚜껑은 크기가 작아 더 정밀한 타격이 필요하므로 손 조절 능력이 더욱 요구됩니다.

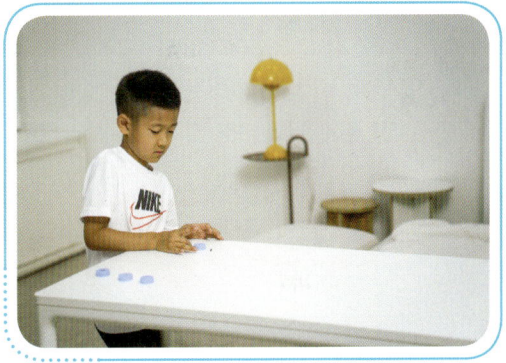

아빠의 Kick!

타이머를 사용해 제한된 시간 안에 누가 더 많은 공을 제거하는지 경쟁합니다. 짧은 시간 내에 빠르게 공을 제거하기 위해 집중력과 속도 조절이 필요합니다. 가족이나 친구들과 팀을 이루어 번갈아가며 공을 제거하는 방식으로 진행할 수 있습니다. 팀플레이로 협동심을 발휘하며 목표를 달성할 수 있습니다.

에필로그

아빠와 함께하는 시간이 아이를 바꾼다!

안녕하세요. 저는 두 아이의 아빠이자, 지극히 평범한 40대 직장인입니다. 그런데 저에게는 조금 특별한 경험이 있습니다. 체육교육학을 전공하고 졸업 후 석사 과정을 이어 가며, 일산에서 5년간 아동 운동발달센터를 운영했습니다. 이 센터에서 2세 영아부터 16세 중학생까지 다양한 연령대의 아이들이 신체적·정서적으로 성장하는 과정을 가까이에서 지켜볼 수 있었습니다. 매일같이 이 아이들과 함께하며 그들의 성장과 변화를 눈에 띄게 느낄 수 있었던 시간은 저에게 무척 소중했습니다. 아이들이 처음 센터에 왔을 때와 일정 시간이 지난 후의 모습을 비교해 보면, 그들의 신체 능력과 정서적 안정감이 달라지는 것을 직접 목격할 수 있었습니다.

예를 들어, 처음에는 운동 기구 다루는 것을 두려워하던 4세 아이가 몇 달 후에는 자신감 있게 뛰어놀고, 친구들과 적극적으로 어울리는 모습을 보게 되었습니다. 초등학생들의 경우에도 비슷했습니다. 처음에는 부끄러움이 많고 소극적이던 아이가 신체 활동을 통해 조금씩 자신감을 얻고, 학업과도 연계된 긍정적인 변화를 경험하는 모습을 볼 때마다 큰 보람을 느꼈습니다.

그런데 이 모든 경험 속에서 저에게 가장 강렬하게 다가온 깨달음은 바로 '아빠'라는 존재의 중요성이었습니다. 제가 만난 수많은 아이들 중에는 시간이 흐르면서 신체 능력이나 성격이 크게 발전한 아이들이 있는가 하면, 반대로 변화가 뚜렷하지 않은 아이들도 있었습니다. 이런 차이는 어디에서 비롯된 것일까? 고민에 빠진 저는 결국 그 해답을 찾게 되었습니다.

그것은 바로 '아빠의 육아와 놀이 참여'였습니다. 5살 꼬맹이가 초등학생이 되고, 초등학교 저학년이던 아이들이 중학생이 되면서 눈에 띄게 성장하고 변화하는 모습을 보며, 저는 이 아이들의 성장이 단지 '시간' 때문만이 아니라 그들의 삶 속에서 아빠와 함께한 시간들이 중요한 영향을 미쳤다는 사실을 깨달았습니다. 아빠와의 시간을 통해 아이들은 신체적 자신감을 얻고, 정서적 안정감을 형성해 나갔습니다. 특히 아빠와 함께 한 놀이 활동은 단순한 재미를 넘어서 아이들에게 삶에 대한 긍정적 태도를 심어 주는 중요한 역할을 했습니다.

반면, 아빠의 참여가 부족했던 아이들은 운동 능력은 물론이고, 성격과 정서적인 부분에서도 더 큰 차이를 보였습니다. 어떤 아이들은 협동심이나 사회성의 발달에서 어려움을 겪기도 했습니다. 이를 통해 저는 아빠의 역할이 단순한 '보조자'가 아니라, 아이의 전반적인 성장에 있어 핵심적인 존재임을 절실히 느꼈습니다.

한 번 지나간 시간은 되돌릴 수 없습니다. 아이의 성장과 육아에는 반드시 '때'라는 것이 있습니다. 이 시기는 아이들이 세상에 대해 배우고, 부모와의 관계를 통해 사랑과 신뢰를 쌓아 가는 귀중한 시간입니다. 그 시기를 놓친다면, 지나고 나서 후회한들 되돌릴 수 없는 일생일대의 기회가 되어 버릴 것입니다. "그때 조금 더 시간을 쓸 걸", "아이와 더 많이 놀아줄 걸"이라는 아쉬움은 누구나 가질 수 있지만, 중요한 것은 지금입니다. 그렇기에 지금 이 책을 보고 있는 엄마, 아빠들에게 말씀드립니다. 지금은 늦지 않았습니다. 이 책을 통해 아이와 함께 특별한 시간을 보내고, 단순히 놀이 이상의 추억과 유대를 만들어 보시기 바랍니다. 하루 5분이라도 좋습니다. 매일매일의 꾸준함이 중요합니다. 부모와 아이가 함께한 시간은 단순한 하루하루의 기억이 아닌, 아이의 미래에 깊이 새겨질 자산이 되어 줄 것입니다.

이 책을 통해 저는 아이들과 어떻게 놀이를 하고, 그 시간을 어떻게 더 의미 있게 만들 수 있을지 고민하는 모든 아빠들과 엄마들에게 이 메시지를 전하고 싶습니다. 아빠와 아이들의 놀이가 아이들에게 미치는 영향은 생각보다 더 크고, 더 깊습니다. 아빠와 함께한 순간들이 아이들에게는 평생 잊지 못할 소중한 추억이자, 자신감과 안정감의 기반이 됩니다. 그 변화의 순간을 여러분도 함께 경험해 보세요.